长声闲话

阿Q的长凳

李长声 著

三联书店

图书在版编目（CIP）数据

阿 Q 的长凳 / 李长声著. —北京：生活 · 读书 · 新知三联书店，2014.8
（长声闲话）
ISBN 978-7-108-04841-7

Ⅰ. ①阿… Ⅱ. ①李… Ⅲ. ①比较文化－研究－中国、日本 Ⅳ. ①G04

中国版本图书馆 CIP 数据核字（2014）第 003459 号

责任编辑 韩 冰　　封底撰文 傅月庵
装帧设计 康 健　　扉页刻印 周之江
责任印制 徐 方　　纹样支持 一芯社
出版发行 生活 · 讀書 · 新知 三联书店
（北京市东城区美术馆东街 22 号 100010）
网 址 www.sdxjpc.com
经 销 新华书店
印 刷 北京鹏润伟业印刷有限公司
制 作 北京金舵手世纪图文设计有限公司
版 次 2014 年 8 月北京第 1 版
2014 年 8 月北京第 1 次印刷
开 本 850 毫米 × 1168 毫米 1/32 印张 10
字 数 174 千字
印 数 0,001－8,000 册
定 价 38.00 元
（印装查询：01064002715；邮购查询：01084010542）

前言

若说我和三联书店的交往，可谓久矣。

初，编一个有关日本文学的杂志，结识了前辈沈公昌文，当时他主编《读书》杂志——沈公也曾主掌三联，但结交几十年，和很多人一样，从来只把他当师友。后随潮东渡，上世纪九十年代初沈公嘱我写写日本事，这就是我今生作文之始。

藉编辑及写作，与三联交往至今，算来已亲近三四代编辑了。这么持久地扶植一位作者，大概是三联的传统，却也像是我偏得。三联给我出版的第一个集子《东居闲话》，责编是卫纯，翩翩少年。其实，更早些年在辽宁出版《东游西话》，收在《书趣文丛》里，那就是沈公和吴彬策划的选题。扬之水审编过拙稿，有了大名之后还为我拨冗作序。《读书》

也曾约董炳月兄写过关于我的书评。

郑勇是卫纯的头儿，酒桌上有人说项，他慨然要给我这个三联老作者出文集，总编李昕兄也另加青眼，幸甚至哉。后来郑勇带着卫纯接手《读书》去了，这事儿就完全由韩冰打理。也真是有缘，她在日本读书时就相识，那种日本式认真，从申报选题到选目定稿，令我感动不已。

我写的是随笔。年轻多幻想，正好写小说；年过不惑，就应该写写随笔罢。又自我规定为知识性与趣味性，也就是有益而有趣。有益而无趣，难以读下去；有趣而无益，不读也罢。还需要点淡泊，对于热血的读者来说却近乎泼冷水。在东京或北京偶遇私所仰慕的名人，提及上大学或研究生院时读过我在《读书》上的专栏，每每令我感叹当年世无英雄，也不禁暗喜自己不枉为过客。

我写作向来是认真的，很有点处女座性格。所写内容局限于文化，因而逝者如斯，读来似乎也并无过时之憾。这种写作大概客观上也算是一种文化交流。或许有助于了解，但关系的好坏未必取决于了解或理解。兄弟阋于墙，彼此很了解；理解万岁，并非万能。文化交流在历史上也带来过战争，最典型的例子不就是日本与中国么？

几乎每次进京都要和沈公等人聚会，只要有他在，满座皆欢。那情景掠过脑际，不由得“山寨”一首我爱读的马悦然汉俳：

老手点了菜

面前孤立一瓶啤

要说玄宗啦

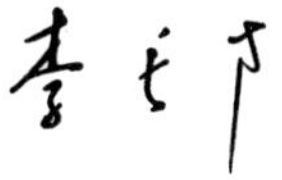

二〇一四年七月一日

记于东瀛高洲

目次

日本与日出 . 1

富士山 . 4

谁给起的名 . 7

万世一系与改朝换代 . 12

遣唐使 . 15

革命考 . 20

欧阳修的悲愤 . 24

一衣带水 . 27

杨贵妃·圣德太子·成吉思汗 . 31

汉字 . 34

假名 . 37

艺伎 . 40

相扑 . 45

为何无宦官 . 48

河豚 . 52

锦鲤绕岛影 . 56

孔子不问马 . 60

诸葛亮 . 66

朱舜水 . 69

蜀山人 . 73

看明朝那些事 . 79

武士家计账与张大点日记 . 84

黄祸事始 . 88

春帆楼 . 93

复仇 . 98

天狗的中日友好 . 103

黄遵宪与小泉八云 . 106

黑船与虎门炮台 . 112

万元的谕吉 . 118
梁山伯的武士道 . 122
武士道与商人道 . 126
食蓼虫 . 130
断肠亭日记 . 133
鸦片王 . 137
李香兰的故事 . 141
临行喝妈什么酒 . 144
谁救了京都 . 148
刘备摔孩子 . 153
诸神的学历 . 155
慈禧和平奖 . 160
燃一根火柴 . 164
于无形处见道德 . 168
天空现出鱼肚白 . 171
算算友谊账 . 175
首都 . 179

话起萧墙 . 182
火灾 . 185
警察 . 188
写真异闻 . 191
落书 . 195
今昔物语的今昔 . 198
超能力趣闻 . 203
阿Q的长凳 . 206
日式潘金莲 . 210
马马虎虎 . 215
不做贼也心虚 . 218
君若写诗君更好 . 221
六十衰翁初学诗 . 224
江户热的死角 . 229
俏皮的川柳 . 233
滑稽的汉俳 . 237
芭蕉的俳号 . 240

几只蛤蟆跳水塘 . 246

连句与团队精神 . 250

马悦然的俳句 . 254

汉字的霸权 . 258

和制汉语 . 261

造词儿 . 264

千石的念法 . 267

坐卧 . 270

岁时记 . 274

情人节 . 277

从失乐园到情爱多元 . 280

师走 . 283

还历 . 289

阴翳或阴暗 . 293

人与人间 . 297

落日 . 300

代后记：日本论 . 304

日本与日出

日本有元旦看日出的习俗。

来到海边，抻长了脖子遥望；女人穿和服，更露出蛸蛴也似的项背。这时，或许人们就突然明白过来：原来太阳是从海那边升起来的，日本并非日出处。“近日之所出”，把日本比附为旸谷、扶桑，说太阳从那里喷薄而出，是中国人的古老意识。站在日本，东眺西望，太阳从别处升起，又落向别处，看来古日本人不曾用自己的脑子思想哟。

中国史书《隋书》有这样一段记载：“大业三年，其王多利思比孤遣使朝贡，使者曰：闻海西菩萨天子重兴佛法，故遣朝拜，兼沙门数十人来学佛法。其国书曰：日出处天子致书日没处天子，无恙云云。帝览之不悦，谓鸿胪卿曰：蛮夷书有无礼者，勿复以闻。明年，上遣文林郎裴清使于倭国。”

大概日本人没有不知道“日出处天子”云云的，因为这几乎是日本历史教科书第一页。井泽元彦说：“对那种中华思想的反感，跟中国平等的意识，能从记录上第一次确认的，就是这个圣德太子的国书。”井泽写推理小说起家，专营“逆说”。“逆说”就是唱反调，人家说东，你就逆过来说西，只要胆子大，脸皮足够厚，再省力不过了。井泽们的说法固然长自家的志气，情有可原，但圣德太子死后一百年才编出第一部史书的倭国，恐怕那时候汉文还不过写写家书的水平，意识未见得开化到反感中华思想，跟中国闹平等罢。

大业三年是公元607年，帝是隋炀帝。乃父杨坚开国当皇帝，史称隋文帝。据《隋书》记载，隋文帝开皇年间的600年，日本遣使来朝。“上令所司访其风俗，使者言，倭王以天为兄，以日为弟，天未明时出听政，跏趺坐，日出便停理务，云委我弟。高祖曰，此太无义理。于是训令改之。”想来隋文帝听了报告忍俊不禁，这倭国也太蒙昧未开了，便加以训令。倭国确实就改之，603年仿照隋朝制定冠位十二阶，604年颁布十七条宪法。不再讲以天为兄的故事，照着中国称天子，不料又惹恼隋炀帝。中华思想认为天实行独生子政策，岂能有二日。于是又改之，608年遣隋使递交的国书上写作“东天皇敬白西皇帝”。这是《日本书纪》的记述，不足为信。以自然现象、地理位置相称，是因为当时日本连国名还拿不定。

隋炀帝对朝鲜半岛征伐不已，以致亡国，是出了名的暴君，但他对日本的无礼，仅仅是“不悦”而已。话也不过说：以后外国来信中再有这样没礼貌的，不要递给我看。而且第二年就派人出使日本。那时赴日是畏途，后来（894年）菅原道真建议停止向唐朝遣使，理由之一是渡海乃玩命。文化脱离了原始状态，生命就值钱了。中国不曾造出个“倭郎自大”的典故来，或许与中国的四海之内思想有关。虽然早知道天外有天，大海深处大国小国多了去，但我们中国人只愿当它是神话，茶余酒后，拊掌谈瀛洲。把幻想变成现实，飞船往来，还怎么写“嫦娥应悔偷灵药，碧海青天夜夜心”。在中国人的观念中，天涯在海内，“海内存知己，天涯若比邻”。四海之内的思想局限了中国人放眼世界、走向世界。到了唐代，日本改名叫日本，化外之地，武则天女皇也是取姑妄听之的态度。“饮余马于咸池兮，总余辔乎扶桑”（《淮南子》说日出于旸谷，浴于咸池），不过是文人之离骚。饮马扶桑，还得是蒙古大军，那位成吉思汗生长在草原，却取名“海洋”。至于东方红、太阳升，是中国人的现代情结，不能拿来说历史。

对于日本人来说，大洋彼岸的美国才是日出处，好像这几十年他们正是这么想的。

富士山

来日本多年，多次去过富士山；第一次是自己想去，好像不去就白来日本，后来变主动为被动，有朋自远方来，奉陪如仪。我们的泰山高一千五百三十二米，而日本在“大海之中，依山岛为国邑”，高过三千米的山有二十余座，以富士为最。

明治年间有个叫志贺重昂的，写了一本《日本风景论》，名噪一时。他说名山都得是火山，最美圆锥形，那就是富士山。确实，远眺富士山，美的是那个几何形状，远古中国人创造了海上有仙山的说法一定是看见了它。不过，形状过于简单，几乎从远近高低，看来看去一个样，恐怕看多了思想也不免简单化，不会有横看成岭侧成峰那般哲学。山高路险，以致有一个说法：不登富士是傻瓜，登两次也是傻瓜。因为是火山喷发的堆积，真的去近瞧，满地炉灰渣，大煞风景。

时代不同了，我时常从飞机上眺望富士山，见清末黄遵宪所未见。倘若从东京的羽田机场往西南飞，能看见顶上的火山口，冰雪消融，形状像一个多褶未封口的烧卖。黄遵宪咏富士山气魄宏大：“拔地摩天独立高，莲峰涌出海东涛。二千五百年前雪，一白茫茫积未消。”日本人也写了不少汉诗，石川丈山的两句最著名：“雪如纨素烟如柄，白扇倒悬东海天。”把宏伟的富士山形容成一把小扇子，似乎表示着他们诚然有一种把什么都往小里缩的民族性。关于中国人，日本人总爱说我们好夸大，不朽的例证是李白的那句“白发三千丈”。从现实生活来看，日本人喜爱小东西，称之“小”日本一点都不错。中国地大物博（近来又说不大不博了），人心就开阔，大大咧咧地容纳百川，五族共和。但是就写诗的手法来说，缩小和夸大是一回事，都属于夸张。中国诗人也会极言其小，如毛泽东的“五岭逶迤腾细浪，乌蒙磅礴走泥丸”。日本人写汉诗也会使出气魄来，如“千年积雪拥蓬莱”（室鸠巢），“芙蓉峰上一轮高”（荻生徂徕），“谁将东海水，濯出玉芙蓉。蟠地三州尽，插天八叶重”（柴野栗山），虽然多是从中国古典套来的。

富士，以前也写作不二、富慈等，也有说来自阿伊努语，是“火”的意思。此山是一座圆锥形孤峰，坐落在山梨和静冈两县的地界。高三千七百七十六米，乃日本最高峰，虽然自古视之为名山、灵山，但当作日本国的象征却是在明治中叶以后了，旨在高扬民族精神。江户时代浮世绘画家葛饰北斋画《富岳三十六景》，把富士山作为远景配置在庶民生活的各种场面中，多姿多彩。昭和初年，横山大观的富士山被画成神山，是对于皇家的崇敬。所谓两千五百年，指的是日本人自称建国的年头，若从自然来说，现在的富士山诞生于五千年前。再三“申遗”，但因其自然及文化都遭到毁坏，始终未获准。有一幅照片，照的是冠雪的富士山下奔驰着一列新干线电车，四十年过去，至今仍然是日本国的招贴画。

追记：2013 年 6 月富士山终于被列为世界文化遗产。

谁给起的名

钓鱼岛是中国的固有领土，却常见报纸这样写：尖阁群岛（即我钓鱼岛及其附属岛屿）。尖阁群岛是日本的叫法，但也不全是，因为日本把群岛叫诸岛。自称钓鱼岛之主，为什么用人家的称呼呢？名从主人，例如汉城，我们跟着改口叫首尔，虽然似有点砍你头的意思。又如日本的新潟，嫌泻肚的泻不好听，让我们写潟，我们便照写不误；其实，当初把潟略为泻的是他们自己，跟中国繁简字无关。既然以我们为主，即便是迻译，也理应译作：钓鱼岛及其附属岛屿（日本称尖阁诸岛）。

名从主人，我们口口声声把敝国叫中国，而日本也用着中国发明的汉字，就该照用这中国二字。可是，偏有那么几个人，如作家兼知事的石原慎太郎、教授兼论客的渡部升一，言必称支那。或许早先用支那一语是事出有因，但现今其用心无非教中国人听来不舒服罢了，就只能情不可原。倘若我们把日本叫倭，大概也不怀好意。不过，这个国号虽然是中国给起的，可他们祖上毕竟使用过。

依照史学家网野善彦的见解，“日本国成立、出现以前，日本、日本人都不存在，这一国制之外的人们不是日本人”。据中国史书《三国志》记载，日本、日本人之前是倭地、倭人，曾有百余国。公元57年倭奴国遣使，后汉光武帝颁发了一枚金印。倭早就出现在中国古地理书《山海经》之中，属于燕。后汉思想家王充说，周成王年间，倭贡献过鬯草。倭人把自己叫YAMATO（本义是山门、山外），但没有文字，便冒认了这个国名。对外用汉字发音，对内用固有叫法，具有二重性。

《旧唐书》说“倭国自恶其名不雅，改为日本”，这倒也未必。《古事记》和《日本书纪》是日本现存最古老的两部史书，前者撰述或用汉字的音，或用汉字的义，而后者纯粹用汉文写就。有一个传说的英雄，《日本书纪》写作日本武尊，《古事记》写作倭建命，可见他们并不嫌倭这个字眼儿不好听，而是大唐以己度人。日本二字，《日本书纪》中注明，读作耶麻腾（YAMATO），跟倭是一样念法。日本人认为语言有灵，而文字终究是舶来品，就少了些心理因素和感情色彩。

日本这个国号不是中国给起的。《旧唐书》说得很明白："日本国者，倭国之别种也，以其国在日边，故以日本为名。"《新唐书》也说：日本使者自己说，国近日出之处，以此为名。中国惯用词有日下、日边，好像从不说日本。更早的《唐历》（唐朝史官柳芳撰）也明明写着"日本是倭国的别名"，但平安时代（8—12 世纪）朝廷上讲读《日本书纪》，常有人质疑：这国名是咱日本自己起的，还是唐朝给起的？博士则断然解惑：因为在日出之方，所以唐朝给起名叫日本。江户时代（17—19 世纪中叶）有一个神道家大为不满：说日本的国号是唐人给起的，表示从属于唐。为什么叫日本？著有《古事记传》的国学家本居宣长也认为，与日神信仰无关，乃是取地理位置之意。日本处在东夷之极，这是中国人自古的看法。"向东惟看日"（王维诗），遣隋使的日出处也好，遣唐使的日本也好，用的是中国观念。妙的是有人说，只有站在朝鲜半岛上，才可以东看日出，西看日没。

《新唐书》记载：唐高宗咸亨元年（670）倭国遣使来贺征服高丽，此后稍微学习中国话，就讨厌倭这个名，更改为日本。对中国启用这个国号是公元 702 年第八次遣唐。使船靠岸，当地人扬声问道：你们从哪里来的呀？船上答：来自日本。唐人就又说：以前大海里有一个大倭国，人都很文明。日本史书《续日本纪》记这段史实蛮生动，自夸了一通，就算把国号由倭改为日本。未免有点像“物语”（故事），但中国替他们遗留了物证，是唐人墓志。碑主曾担任春宫侍郎，“日本来庭”正是这一帮人，他出面接待，还“共其话语”。

这时候的大唐，武则天废了儿皇帝，亲自登极，给儿子改姓，改唐为周。按说她对国号应该很在意，但“皇明远被”，人家大老远地来朝贡，爱叫什么叫什么罢，名从主人。703 年武则天还在大明宫的麟德殿设宴款待了使节。皇上画了圈，接受并承认新国名，到了臣子笔下就变成“武后改倭国为日本国”，对于自以为老大的唐朝来说也实属正常。

日本学者研讨从倭到日本的国号变化，即国家形成史，基本以《三国志》《旧唐书》等中国史书的记述为框架。也就是日本列岛上起初有很多国，互相兼并，最终形成日本国。他们往往把改变国号视为中国难以接受的事情，有意无意地藉以抬高日本敢于跟大国抗衡的形象，反倒令人觉得不过是一种小国心态。像我们爱说地大物博，他们爱说自己国小资源贫乏，听来蛮“矜小”。就《旧唐书》所记来看，唐朝在意的并非改名问题，而是日本人“不以实对”，到底闹不清，是倭国嫌国号不雅，改为日本，还是本来就有个小国叫日本，吞并了倭国之地，所以才“疑焉”，怀疑它来路不明。《新唐书》记为倭国吞并了小国日本，袭用其国名，足见中国人被搞得稀里糊涂。

2004年在西安发现一块碑石，赫然有“国号日本”四个字，又为日本的国号提供了物证。这是一个日本留学生，于唐开元二十二年（734）死在中国。名叫井成真，可能本来是复姓，在中国简略为单姓。他“强学不倦”，惜乎“问道未终”，年纪轻轻就死了，“春秋卅六”。形埋异土，魂归故乡。大唐皇上也哀挽，这皇上是唐玄宗李隆基。他还给遣唐使写过诗，“日下非殊俗，王化远昭昭”云云。

唐史认为日本人“矜大”，到了近代，日本终于把国号定为大日本帝国，但我们偏叫它小日本，满怀厌恶。现今把日本叫倭，或者叫小日本，好似呼光喊亮，惹阿Q怒目而视，就无非是未庄的闲人罢。

万世一系与改朝换代

日本有万世一系之说，这是与中国的一大差别，我们的历史一向是改朝换代。

万世一系，就是指皇统长久不变。据西洋人换算，第一代天皇神武天皇于公元前660年建国，那时候耶稣还没诞生呢。他即位之日（阳历推算为2月11日）是日本的国庆节。一脉相承，教大宋皇帝也为之感叹。之所以能一系，恐怕主要是因为幕府将军们另立中央，像曹操不代汉称帝一样，只是让天皇靠边站，也可以衬托威风。虽然万世不过是一个夸张，但不曾易姓（说日本事或许不该用这个词，因为天皇没有姓）是真的，自有一种凝聚力，学历史也较为省心。日本以拿来主义自立于民族之林，可中国朝代像走马灯一样更迭，弄得他们称呼中国事物也没个准儿，忽而汉方，忽而唐样。

凡事都具有两面性，万世一系的反面是无常，生命如樱花。中国的性格当然也是两面的，朝代总是改，但哪个皇帝都被喊万岁万岁万万岁。俳句有一个文学理论叫“不易流行”，也就是铁打的营盘流水的兵，万代不易与一时变化相结合，似乎就能把两面性拼凑在一起，坚持不变，又顺应万变。万世一系的观念浸透在生活中，使日本人有一种持之以恒的精神。以报刊为例，连载是常态的表现形式，连载起来经常是旷日持久。譬如宫城谷昌光在月刊杂志《文艺春秋》上连载小说《三国志》，每月一回，迄今一百一十七个月，一晃我也跟读十年，最新这一回写到曹睿把后事托付司马懿。结集单行本，已出版九卷。

女作家林真理子以随笔起家，在周刊杂志《文春》上连载随笔长达一千二百回。作家椎名诚的连载也过了千回，还有二三子为六七百回。漫画连载更惊人，东海林祯雄在日报《每日新闻》上发表四格漫画已经有一万二千四百三十多天，看来要至死方休。他还给几个周刊画，其中有两个漫画专栏已历时四十年。另一位四格漫画家植田正司自 1982 年 4 月 1 日在日报《读卖新闻》上连载，日复一日，也一万多天了。好似马拉松，要么读者看腻，要么作者跑死，简直是一场残酷，但漫画家作为职业也得以成立。

司马辽太郎的《漫步街道》在《周刊朝日》上连载，从四十七岁写到七十三岁猝逝，结集四十三卷。作为文学的发表形式，连载与结集像双轮，齐驱前行是出版的发达。尤其是书评，长年散见于报刊却不能结集以积累文化，存照历史，不能不说是出版的耻辱。作家能著述等身，恐怕也倚仗出版有恒心。小说家阿川弘之自1997年6月为《文艺春秋》撰写“卷头随笔”，因年高九十，于2010年9月搁笔，十三年之间先后有五个主编“改朝换代”，而他的随笔一以贯之。似乎我们的编辑更追求日日新，即便连载也常常见好就收，以防养虎贻患似的。或许暗喻了百花齐放，呈现的却可能是你方唱罢我登场的乱象。

遣唐使

五月回国，买到一本《黄约瑟隋唐史论集》（中华书局1997年12月出版）。作者黄约瑟是香港学者，英年早逝，生前友好资助印行了这本纪念文集。其中有论文《日本留唐学生橘逸势事迹考》，述及：“贞元二十年是公元804年，元和元年是806年，故留唐僧人和学生等前后只留唐二年。《新唐书》所载‘二十余年’不知所据，可能是误记。”

中国史书“二十四史”里有两部唐书，相辅而行。《旧唐书》二百卷，成书于945年；《新唐书》在它的基础上“文省事增”，成书于1060年，计二百二十五卷。关于日本留唐学生橘逸势，《旧唐书》记载：“贞元二十年，遣使来朝，留学生橘逸势、学问僧空海。元和元年，日本国使判官高阶真人上言：‘前件学生，艺业稍成，愿归本国，便请与臣同归。’从之。”

在《新唐书》中，“贞元二十年”改为“历二十余年”。

对于留学时间的长短，似乎中国人多信其长。例如郭沫若，1935年讲演时说：“橘逸势是很有名的，在旧新唐书可看到他的名字（误为橘免势），同时又有一个同样很有名的空海（是一个和尚），他在中国住了二十多年，是以唐德宗贞元二十年（804）到中国留学（和我们来日本留学一样），到了唐文宗大和元年（827）才回了日本。”

为什么宁信其长，不信其短呢？《陈寅恪读书札记》（上海古籍出版社1989年出版）有一个说法，是这样的：“‘元’字误，新书二百二十东夷传日本传作‘历二十余年’，是也。若如此本误作‘元和’，则自贞元二十年至元和元年，为时至短，岂非‘速成师范’速成法耶？呵呵！”

何谓“速成师范”？想起包天笑在《钏影楼回忆录》中记述清末民初事：“许多中国青年都涌到日本来，日本便大搞其投机事业，以速成为诱饵。于是有速成法政学校、速成师范学校等组织，这个速成师范学校，只要一年便可以毕业，给了你一张文凭，回国便可以当教师，皇然以师范教育自命了。这个速成师范，正是但求速成，不管你所学程度如何，一概与你毕业，可谓一榜尽赐及第。”陈寅恪先生呵呵而笑者，可能就是这样的速成师范罢。不过，据日本史料，橘逸势和空海确实只在唐逗留了两年，虽然大唐仁至义尽，留学生、学问僧可以“黑”下来，而且给官做，如那位晁衡。

唐朝三百年（618—907），日本大约任命了二十回遣唐使，成行十五回。第一回是630年，最后一回是838年，这二百年间，或如《日本书纪》所记“大唐国者，法式备定，珍国也，常须达”，但当初频繁遣使，甚而653年和654年接踵于途，其主要目的并不在拿来唐朝的制度和文物，而是外交攻势，以确立日本在东亚的地位。两唐书记载的804年遣唐，对于日本文化来说，是空前绝后的。若没有这次遣唐，今天观光日本，恐怕古代文物就寥寥无几了。不过，记录在案的空海当时还是个无名之辈，重要人物是最澄。794年，桓武天皇迁都到平安京（京都），原因之一是躲开平城京（奈良）的旧佛教势力。新京需要新的精神寄托，桓武天皇看中在京都东北比睿山中修行的最澄，打算把天台宗认可为国教。最澄说，自己是自学，日本无人能为师，所以需要先去一趟中国，得到正统天台宗的传授。于是，天皇任命他为“入唐请益天台法华宗还学生”。所谓“还学生”，近乎公费短期出国考察，而留学生要学习二十年，基本是自费。

遣唐使团分乘四只船。遣唐大使藤原葛野麻吕、副使石川道益，还有空海、橘逸势等人乘第一船。最澄等二十七人乘第二船。第一次出海失败，翌年（804）再次启航。时当“秋七月”，正是台风季节。沧海茫茫，黑风猝起，四只船不久就各自伶仃。第一船漂流三十四天，到达福州。第二船漂流五十四天，于9月1日到达宁波，真像有神佛保佑，那是离天台山最近的港口。第三船失败，第四船下落不明。

和最澄同船的，还有一个遣唐判官，叫菅原清公（？—842），他就是学问之神菅原道真的祖父。清公是平安初期的汉诗人，二十岁考上文章生，入唐归来当上文章博士，官至从三位。参与编纂《令义解》《凌云集》《文华秀丽集》等，有诗传世。他在宁波和最澄分手，于11月15日到达长安。大使一行于12月23日来到，25日，德宗皇帝赐宴麟德殿。805年4月3日遣唐大使等人从长安回到宁波，和最澄会合，于805年（唐贞元二十一年）5月分乘二船归国。空海是留学生，但他并没有学二十年，而是第二年在青龙寺接受惠果和尚传法，半年后就成为真言密教第八祖。正好高阶远成等人入唐，他和被唐人称作“橘秀才”的橘逸势跟着回国，时为806年（唐元和元年）8月。何其速成！其实，空海们本来在日本已自学成才，训练有素，来中国就好似“博士后”。

归途最澄和大使同船，菅原清公搭乘第二船。风狂浪高，清公祈求吉祥天保佑，遇难呈祥，从此菅原家信仰吉祥天。后来他的儿子，也就是道真的父亲是善，在宅第建了一座吉祥院。894年，在吉祥院里庆贺了五十岁生日的道真被任命为遣唐大使，但他写了个奏折，建议朝廷讨论一下，停止遣唐。

汉文奏折不足二百字，收在他的《菅家文草》中。理由有二，一是大唐凋敝，去了也没有意义，再是海上多难，看来对吉祥天到底没信心。宠信他的宇多天皇准奏，可是，菅原道真此后也戴着遣唐大使的名衔，所以到底是停止还是延期，成为千古之谜。

实际上，唐朝灭亡后，日本也没有断绝与大陆的交通，仍时有僧侣获得天皇的许可，去中国巡礼。946 年至 967 年在位的村上天皇曾敕命日延和尚为“遣唐法门使”前往吴越，逗留四年，学来新历法。吴越也向日本派遣过“持礼使”。特别是民间贸易的商人，无论停止遣唐使以前，还是以后，经常渡海往来。菅原道真在奏折上作为论据的关于唐朝国情的报告就是中瓘和尚托商人王讷等人带来的。935 年以降，吴越商人蒋承勋等多次给天皇和大臣们带来吴越王的书信礼物。

革命考

日本爱“革命”。当两位中国学者李泽厚和刘再复写书“告别革命”的时候，日本在资本主义制度下继续革命，闹了一阵子“脑内革命”，近来又勃兴“IT 革命”。年轻女歌人俵万智给自己的歌集取名为《巧克力革命》，想到她那双金鱼似的大眼睛在电视上忽闪忽闪，没有阿 Q 的兴奋或赵老太爷的惶惑，让人觉得革命也蛮可爱。在日本人的字典里，革命不过是一种比喻，虽然我们现在使用的含意，倒是他们在明治年间从英语译来的。《告别革命》一书是香港出版的，不知在内地有什么影响，看见电视上播放“将爱情进行到底”、“将婚姻进行到底”，好像“革命”二字真的被人们告别着甚至作践着。

京都的北野天满宫本殿东侧有一块大石，刻了些汉字，那就是“和魂汉才”碑。碑文摘自《菅家遗诫》，二则，其一云：“凡神国一世无穷之玄妙者，不可敢而窥之，虽学汉土三代周孔之圣经，革命之国风深可加思虑也。”此碑立于1848年，由菅家后裔书写，但《菅家遗诫》其实是伪作，大概出自中世神道家之手。之所以托名于菅原道真，当然是因为他满腹汉才，却提议废止遣唐使，足以代表大和魂。幕府末年到明治年间，“和魂汉才”成为流行语，后来就变成“洋才”。“宜为后世龟鉴”，这种碑石在别的地方也立了几块，如东京的汤岛神社。周作人读书上当，相信这很妙的话是菅原道真说的，以致感慨张之洞的格言“中学为体西学为用”日本早在一千年前就说了。

《菅家遗诫》所说的革命，是中国历史上的易姓革命，也就是改朝换代。公元983年奝（diāo）然和尚来中国修行，对宋太宗说：日本是皇统一系，万世不革，教太宗慨叹这正是“古之道”。大概万世一系和改朝换代是中国人与日本人在思考方式上截然不同的根源之一。中国人信奉好死不如赖活着，总抱着朦胧的希望，是因为骨子里认定江山没有铁打的，朝代早晚变。而天皇从古到今是一家的，在中国人看来日本人就不免死性。清朝列为禁书的《五杂俎》（明人谢在杭撰）记载：“倭土亦重儒书，信佛书。凡中国之经皆以重价购之，独无《孟子》。有携此书往者，舟辄覆溺。”对孟子的书籍竟如此厌恶、恐惧，原因在于他创立了革命学说，君主不好就革他的命，即所谓汤武放伐论。有关《孟子》的危言在7世纪就出现了，大概是用来吓唬遣唐使，防止他们把易姓革命的思想带回来。日本可不要革命。幕府末期思想家吉田松阴说，要是咱日本的天子像夏桀、殷纣那样，咱国民也只有到宫门前嚎啕大哭，直哭得天子感悟。吉田也讲革命，但不像中国人那样总盯着皇帝老儿，而是把矛头指向幕府将军，说他受命于天朝，如果不好好玩活儿就废了他。天皇能万世一系，很大程度上是托了有名无实的福。清末黄遵宪主张“避革命之名，行革命之实”，对“双悬二曜”（指光绪、慈禧）一片忠心，自然很欣赏日本这位近世爱国志士，乃至“祝君生支那”。

汉代流行谶纬，天人感应，预言满天飞，其一是“辛酉革命”。甲子纪年，轮到辛酉之年就发生革命，所以要改变年号。谶纬被隋炀帝禁毁，却流传到日本，教唐人感叹海外更多地保留着中国传统。日本平安时代有个叫三善清行的，出身卑微，虽然学有所成，却一直被学阀菅原道真压抑。900年他终于看准一个机遇，毅然挑战。三善写信给高高在上的菅原，说：“某昔者游学之次，偷学术数。明年辛酉，运当变革，二月建卯，将动干戈。遭凶冲祸，虽未知谁是，引弩射市，亦当中薄命。尊阁挺自翰林，超升槐位。伏冀知其止足，察其荣分，擅风情于烟霞，藏山智于丘壑，后生仰视，不亦美乎。努力努力，勿忽鄙言。”这意思就是叫菅原要有点自知之明，趁早下台。过了几天三善又给朝廷打报告：“臣窃依易说而按之，明年二月当帝王革命之期，君臣克贼之运。凡厥四六二六之数，七元三变之候，推之汉国，则上自黄帝，下至李唐，曾无毫厘之失；考之本朝，则上自神武天皇，下至天智天皇，亦无分铢之违。然则明年事变，岂不用意乎。”朝廷真的用了意，翌年（901）正月赶紧把菅原贬黜。二月，三善又写了一纸“革命勘文”，提议改元。七月，醍醐天皇改年号为延喜。三善用“辛酉革命”革了菅原的命，取代其长子当上大学头。后人把“不要革命”附会到菅原道真身上，缘由就在这儿。

朋友的出版社正在翻译《告别革命》，议论书名如何译才好。想起在日本走红一时的电影《霸王别姬》，若把日文译名再直译为中文，就是“别了，我的爱”——那么，别了，我的革命。

欧阳修的悲愤

关于中日交流，人们很爱提欧阳修的《日本刀歌》。这首七言古诗共二十四句，令我感兴趣的是后半，尤其这八句：

徐福行时书未焚，逸书百篇今尚存。
令严不许传中国，举世无人识古文。
先王大典藏夷貊，沧波浩荡无通津。
令人感激坐流涕，锈涩短刀何足云。

欧阳修（1007—1072）名列唐宋八大家，又是史学家，编修《新唐书》，独撰《新五代史》。他写诗不搞怪，只说是“传闻”。传闻“其国”是徐福的后裔，当年他诈骗秦朝百姓，把他们的数千儿女，还有百工，拐带到“大岛”的平原广泽。可能还带走许多古籍，如完整的《尚书》（“逸书”，即《古文尚书》，用蝌蚪文书写的），在中国早都被秦始皇焚毁。有关徐福的传闻难以坐实，但对于中国，日本最大的渴求之一是书籍。沧波浩荡，人员往来不容易，一些日本留学生滞留不归就可能是不敢再领教大海狂澜。若拥有书籍，虽然不至于像武林秘籍，到手就独霸天下，但历史文化记载其中，人可以有人样，国可以有国样，以致僧侣前仆后继，中国也代有商贾玩命地倒卖。圣德太子（574—622）摄政后派出遣隋使，目的之一是搜购书籍。《旧唐书》记载："所得锡赉，尽市文籍，泛海而还。"这是说日本的遣唐使们得到唐朝的赏赐，不买"大件"，都用来买典籍文献、技术资料，统统装船运回国去。若没有这些文籍，今天的日本会啥样呢？

公元804年，最澄随遣唐使入唐求法。来到天台山下，刺史陆淳盛情欢迎瀛洲客。最澄送礼，他收下纸笔，退还了十两金子。而纸笔也用来给最澄抄写《摩诃止观》《法华玄义》等天台宗经典。奈良时代（710—784，都城在奈良）鉴真把天台宗书籍带到日本，但脱误较多，有意义不明之处，最澄非常需要正确无误的善本。陆淳慷慨解囊，雇二十人抄写了一百二十部经典，教最澄感激得坐立流涕。陆淳为最澄开的"路条"现藏延历寺，是日本的国宝。最澄上天台山修行，住持行满对这位不惮苦劳、远渡沧波的日本国法师毫无保留地传授，并且把自己手头的经卷全部送给他。805年6月最澄回国，携带经典二百三十部，共四百六十卷。翌年，在桓武天皇庇护下创立日本天台宗。

983年奝然搭华商船入宋，说：日本有五经及佛经，《白居易集》七十卷，都是从中国得到的。他献上两种中国逸书，宋太宗封他法济大师，更证实许多古籍尚存于日本。天灾人祸，殃及图书，无数古籍在中国荡然无存。1091年宋朝向高丽求书，开列书目一百二十八种，第一种就是“百篇尚书”。欧阳修博览群书，是北宋古文运动的领袖，把玩日本刀，不禁想起散逸的古籍。日本人也带些书籍来，但净是佛教方面的。最澄“入唐请益”，带了《屈十大德疏》等，是要找老师批改，看看自己和奈良十大高僧对法华三部经的理解孰高孰低，绝然不能与中国典籍东传同日而语。926年，时当五代，日本兴福寺僧人宽建一行“奏请就唐商人船入唐求法巡礼”，醍醐天皇准许他携带菅原道真等四家的诗集，以“流布唐国”。然而，欧阳修们渴望的不是佛经，更不是日本人制作的诗文，渴望的是中国的“先王大典”。轮到中国求书了，居然“令严不许传中国”。想到先王大典给藏到什么鬼地方，“沧波浩荡无通津”，他鼻涕一把泪一把，以至破口大骂——弄一把“原装”日本刀算个屁！

一衣带水

在一枚恭贺世纪末新禧的明信片上看见了这样两句话：东瀛苦求索，新世衣水情。不用说，“衣水”是“一衣带水”的缩略。1972年中国和日本恢复邦交，联合公报使用了这一说法，尔来三十年，上自主席或总理大臣，下至学者或国民人民，挂在嘴上，写在笔下，好像这个词自来就是说中日之交的。虽然耳熟能详，但觉得这样一带而过，只剩下衣水二字，似乎讲不通。“一衣带水”本来说的是长江。有人说长江之水是天堑，也有人说它不过像一条衣带而已。衣带，即便是女人穿和服缠在腰间的带子，也不过一尺来宽。缩略为“衣水”，感觉就不是带子了，倘若用电脑制作东海龙女，穿一身晶莹流动的衣裳，那形象一定很动人。

“一衣带水”这个词是一二一结构，却被从语感上断作动宾，以至常出现“中日两国一衣带水”的句子。让清末诗人黄遵宪来说，是“日本与我仅隔一衣带水”。现而今交通发达，地球越来越小，乘飞机往来于北京与东京之间，俯瞰大海，真要有一衣带水之感。但往事越千年，用这个词比喻中日之间的关系却未必恰当，不仅有套近乎之嫌，而且给那些实心眼的中国人造成不小的误会。就中国与“四夷”的外交来看，历史上与日本往来算不上频繁，关系向来不亲密。对于这个蕞尔小国，更多的是我们中国人自己创作的山在虚无缥缈间的神秘感。一部日本史，始自神话时代，从未缺少过侵攻朝鲜半岛的篇章，只是历史小姑娘时常被任意打扮罢了。

近读松枝正根著《日本古代军事航海史》，三卷。上卷通过各地出土的圆木舟，推断史前、绳文、弥生及上古天皇时代的航海史；中卷介绍各地古坟壁画上描绘的船，勾画神功皇后、应神天皇时代的航海史；下卷以遣唐使、渤海使为主，考察造船及航海术，缕述奈良时代至平安时代前半的航海史。作者不是考古或历史的专家，而是一位海军教官。他从军事方面推测日本为什么不顾死活，非往中国派遣使节不可，说法颇有趣。

始自630年，约二百六十年间，可能任命遣唐使二十回，实际成行十几回。日本虽在大海之中，但航海术并不发达，其原因可能是深受大陆影响，以农耕为生，也像大陆人一样具有“海内”意识。中国曾三番五次遣使日本，安然无恙，但遣唐使船几乎出海必出事，可见造船与航海技术之差。早期遣唐使经常搭乘新罗船返回。唐太宗念其路远，相约二十年一来朝，但实际也做不到。那么，为什么明知征途有艰险，越是艰险越向前呢？松枝正根认为，663 年白村江之战，水军被唐军歼灭，日本人杞忧天倾，那时候的状况正相当于二次大战后。665 年唐高宗封泰山，日本遣唐大使参加大典，列于属国之间，就可能是大唐令日本遣使来朝（第五次遣唐）。702 年遣唐，是来向唐朝报告《大宝律令》在这一年修定，但粟田正人一行为何逗留三年之久呢？松枝正根想，大概是唐朝给日本留作业——迁都，全国遍建国分寺，以消耗其国力。虽然迁都藤原京才七年，但唐命不敢违，只好又迁都平城京。所谓吸收唐文化，其实是搂草打兔子的副产品。从唐拿来的不只是文化，还有使民众贫穷、国家疲惫的都城营建、巨大寺院和大佛的建造。白村江战败后的遣唐既是朝贡，又是出于防御政策，用大唐牵制朝鲜半岛。遣唐是政治的，不是文化的。遣唐使的行列从来没有皇家人。后来才渐变为文化吸收和贸易往来，于是僧侣和商人取代了政府，民间交流成为主流。804 年的遣唐最具有文化意义，犹如太阳，使遣唐的历史辉煌一片，耀得人们看不见许多的真实。停止遣唐，并非日本人自以为可以出徒了，而是安史之乱以后，唐朝凋敝，日本借机逃脱了遣唐的梦魇。

松枝正根的说法有趣得可笑，原来世界上有这么个不伦不类的日本是唐朝不怀好意制造的。

杨贵妃·圣德太子·成吉思汗

把这几位的名字开列在一起，是什么意思呢？说来有意思，中国历史上叫得响的人物，日本人就爱拿了去，说他们原来与日本有这样那样的渊源或牵连，这三位堪为代表。日本人向来好新编“国民历史”，理由之一是上穷碧落下黄泉，那历史没处查找，近来又有人干脆把中国人勉强给他们留下的一点“历史废墟”也编排掉了。姑妄听之，很可以消闲解闷。

杨贵妃的故事无人不知，近年来改革开放，好像她当年从马嵬坡逃到日本的消息也传回了故国。日本人办事认真，像对待原子弹爆炸罹难者一样，在海边给她建墓立碑，煞有介事。最近又得知另一说，说她本是日本一个神，看出唐玄宗企图东略，就化作美人去堕落他。君王从此不早朝，终于闹出安史之乱，毁了大唐盛世。此神受用了三千宠爱，打道回府，恬然享祭于热田神宫。神宫在名古屋，祭祀着天皇家三种神器之一的草薙剑。境内有门叫“春敲门”，来由是玄宗遣派的道士找到这里，时当春天，咚咚敲打过一气。此说记载于清原宣贤的《长恨歌抄》，他是学者，把神道信仰和儒学伦理熔为一炉。

杨贵妃的传说过于荒诞，而慧思在日本转生为圣德太子的说法，桓武天皇也相信。圣德太子（574—622）是确立以天皇为中心的中央集权国家体制的政治家，信奉“世间虚假，唯佛是真”，依据中国南北朝僧侣法云之说撰著《法华义疏》。天台大师破析法云的著述被鉴真带到日本，但未受重视。最澄从东大寺的尘封中发现，借阅抄写，创立天台法华宗。最澄本来归心于圣德太子，便面对一个如何使天台大师和圣德太子两树同根的难题，可能就编造了圣德太子是慧思后身的瞎话。慧思（515—577）专诵《法华经》，开悟法华三昧，是天台大师的师父。840 年天台僧人维蠲为渡海而来的日本僧侣请求台州刺史签字盖印，有云：“昔南岳高僧思大师，生日本为王，天台教法，大行彼国。”大概最澄入唐求法时把这个瞎话也带到中国。

望风捕影也罢，别有居心也罢，“源义经乃成吉思汗也”很像是查有实据。源义经，姓源，名义经，乳名牛若丸。异母三哥源赖朝举兵，他跑去参加，屡建战功，歼灭平家军，为赖朝建立镰仓幕府做出巨大贡献。他不待赖朝举荐，就当了朝廷的官（属于判官一级），惹恼了赖朝，不让他进入镰仓。几年后赖朝发兵征伐，义经切腹自杀。日语有“判官贔屓”一词，是同情弱者之意，即来自义经遭遇。由同情而美化，《平家物语》里写他是一副武大郎模样，但到了单把他拿出来歌颂的《义经记》里就变成武二郎，相貌堂堂。江户时代又出现新编故事，说他没有死，而是北逃虾夷岛，至今北海道有不少遗迹。一个叫小谷部全一郎的，趁日本出兵西伯利亚之机，充当陆军翻译，去实地调查，1924 年写了一本书，就叫作《成吉思汗乃源义经也》。实据之一是成吉思汗这四个汉字。据说，义经带着爱妾逃进吉野山，这爱妾叫静，后来被赖朝抓去；吉，指吉野山，汗，是水干（古时候一种衣服），表示静，所以成吉思汗的意思是“成就了吉野山之誓，思念静”。又说，成吉思汗的蒙语发音跟源义经的日语发音相近，是蒙古人没念准。实据多多，日本人就圆了入主大陆的梦，虽然更像是拿这个悲剧的历史人物寻开心。

汉字

日本有许多独特的东西，据一位精神方面的专家说，失语症是其一，当今皇后几年前也得过。据说此病是大脑出了故障，突然不会说话了，但认识字，能点头摇头地示意。不过，字必须是汉字，亮出假名则全然不认识。

问日本人何谓汉字，答曰：汉字是日本文字之一种。中国人听了就不大顺耳。虽然搞不清年月，但汉字来自中国，这是编造“新历史”的西尾干二之流也不好说NO的。《古语拾遗》说：“盖闻上古之世未有文字，贵贱老少口口相传，前言往行存而不忘。”此书成于807年，史料价值不次于“记纪”（《古事记》和《日本书纪》二书）。所谓文字，指的是汉字无疑。日本把中国的文字拿了来，只当是自家的东西，除非与“梵字”对照，当初并不称之为“汉字”，大概片假名通行之后才这样叫开了。“上古”也古不到哪里去。那颗被定为国宝的“汉委奴国王”金印是后汉光武帝赐给奉贡朝贺的日本使者的，所以，至晚1世纪日本人已接触到汉字。从中国传来的铜镜和货币上面有汉字，但当初日本人只把它当作图案花纹也说不定。据“记纪”所言，4世纪末百济人王仁给应神天皇朝带来《论语》十卷、《千字文》一卷，他也就成为日本朝廷上职司文笔的始祖。7世纪初圣德太子往隋朝遣使，国书已能写“日出处天子致书日没处天子云云”。当然，舞文弄墨的都是从大陆及朝鲜半岛渡海而来的“渡来人”。

《古事记》这部史书是用汉字编写的，但读法是训读，如“高天原”要读作“多加麻乃波良”。汉字本来有形、音、义三要素，大概自秦始皇统一文字以后，“训读”现象在六国旧地及其他地方就特别突出了。西尾干二说：训读是日本“确立本国文化独自性的划时代发明”，这种“也可说是对中国语加以侮辱的”训读，之所以唯一在日本取得成功，有三个条件，即地理上得天独厚、唐朝崩溃的大好时机、日本列岛上的文化程度已相当高。但依我看，训读完全是“渡来人”所为。他们与土著交流，把汉字标上“倭读”是自然而然的，况且也只有“渡来人”掌握着大量的汉字，才能用以注音。山，当地人叫它“也麻”，海叫“宇美”，如此而已。正因为算不上伟大的创举，所以史书上关于训读的事并不曾特记一笔。照西尾说来，那时日本人正在冲着汉字不安、厌恶、避忌、拒绝、抵抗，哪里有心思搞什么训读。

《古事记》成书于712年，距王仁献《千字文》已过去三百多年，这么长时间的空白，日本人没使用汉字，干什么来着？西尾干二说：弥生时代（大约公元前4世纪至公元3世纪）出现“绘文字”，那时的日本人非常有志气，不看重汉字，“不论怎么明白汉字那档子事，谁也不认为能表记复杂的高度的言语生活”。这可实在不像我们今天看见的见好就拿的日本人。由于过于原始，起初对汉字无动于心，倒是可能的，这种现象在当今世界也看得见。若已经画出了“绘文字”，真有心创造文字，就应该更欢迎汉字才是。有火柴甚至打火机不用，偏要钻木取火，西尾的祖先这么愚昧，文化程度又高在哪里呢？这三百乃至八百年间就是日本人理解、模仿、学习汉字的期间。长乎哉？不长也。

西尾们没有翻出平田笃胤（1776—1843）的神代文字说，只是依据弥生时代的“绘文字”发一通感叹：从中国史来看，汉字从原始阶段经过两千年，产生了“甲骨文”。如果日本列岛的弥生时代不受外来干扰，经过两千年，正好在今天，就可以产生日本独自的文字。可惜，过去的倭人及日本人都不曾这样做，以致我们今天读到他这本颠来倒去、啰里啰唆的《国民历史》，好像每页都是汉字多过假名，音读多过训读。

假名

千秋谁个是头功，劫后风流此老僧。

文有不真堪养眼，胜于字字砌长城。

又作诗，并非技痒，技是没有的，只因读黄遵宪的《日本杂事诗》，起了一点效颦之意。他的诗是这样的："论语初来文尚古，华严私记字无讹。老僧多事工饶舌，假字流传伊吕波。"

关于汉字和假名，黄遵宪写了几首诗。此诗原本第三句作"老僧饶舌偏多事"，定本修改如上，老僧并非多事人。对于假名，黄君持肯定态度，认为"读书人或鄙为俚俗，斥为谚文，然而人人习用，数岁小儿学语之后，能读假字即能看小说、作家书，甚便也"。他还写了一首《伊吕波》，说"不难三岁识之无，学语牙牙便学书"。

假名，也写作假字。把汉字作为“真字”，由汉字派生出来的表音文字是“假字”。《古事记》《日本书纪》始用汉字的字音记录口耳相传的歌谣，例如“夜久毛多都”，单纯取其音，不可以望文生义。其实，这本来是中国译印度佛经的法子。用音不用义，一字一音，这些表音汉字被称作“真假名（万叶假名）”。后来用草书写真假名，笔画极为简化，大概在平安时代初期（9 世纪前半），四十七个真假名的草体被定型，产生了“平假名”。“片假名”则是把汉字大卸八块，取其一部分，定为表音符号。传说平假名出自弘法大师空海（774—835）之手，片假名是吉备真备（695—775）创造的，他们都留学过唐朝。平安时代男人们使用繁难的汉字，平假名是“女人的文字”，《源氏物语》的作者乃女流之辈，就是用平假名写作的。

假名虽然便利，却不能全用它来写文章，原因之一是日语里同音异义的词语非常多。荻生徂徕有一本著作，叫《译文筌蹄》，是写汉文、作汉诗的参考书，据说现在也非常实用。他认为传统训读不合理，例如，误、谬、错、讹、愆、过、失，都读一个音，抹杀了文字的微妙区别。汉字文章里夹杂假名，或者假名文章里夹杂汉字，古已有之，而现在通行的行文方式，汉字与假名适度相杂，应该说是二次大战后的产物。如今年轻人不爱用汉字，但给他满纸的假名读，恐怕也不知所云。

读中国书，汉字好似秦砖汉瓦，一个挨一个，码成了万里长城。又像走进青纱帐，密不透风，读得人昏头涨脑。读日本书，汉字后头跟着假名，虽然有一点豁牙露齿的感觉，但又像循山溪而行，忽缓忽急，不时有歇脚处，读起来比较轻松。把日本小说译成中文，字数上大大缩水，即因为去掉了拖泥带水的假名。“山上开着樱花”，变作日文，汉字假名混着写，大概占稿纸十个格，若全用假名写出来，又多占三个格。文章用一串串假名，且频频改行，就可能为蒙骗稿费。文章高手讲究汉字和假名的搭配，张弛有致，疏密相宜。

用电脑写作常遇见没有字，为遣词造句犯难，这时更觉得日本语文有假名可用，甚便也。

艺伎

好莱坞电影《艺伎》是依据阿瑟·戈尔登1997年畅销美国的小说改编的，演一个艺伎从艺到伎的人生历程。饰演者是中国影星，这很教日本艺伎界不满，因为艺伎是他们最可以孤芳自赏的传统文化，岂能由外国女人来演绎。黄遵宪的《日本杂事诗》有两首写艺伎，其一：

繁花南部记烟花，七十鸳鸯数狭邪。

欲聘狸奴先问价，红笺分送野猫家。

其二：

弹尽三弦诉可怜，沉沉良夜有情天。

楼头月照人团聚，到老当如鸡卵圆。

据说，艺伎形象当初就是被美国人搞坏的。1898年，一个叫约翰·卢瑟·罗恩的律师，压根儿没来过日本，把听来的故事写成了短篇小说《蝴蝶夫人》，先搬上百老汇舞台，再由意大利作曲家普契尼谱为歌剧，从此，一个不管那男人是什么东西，一定把爱情进行到底，以至一死的艺伎形象定格在欧美人心底，而且这形象不只是艺伎的，也是日本女人的。几年前，当过十余年艺伎的岩崎峰子对外人把艺伎跟娼妓混为一谈很生气，写书在美国出版，把亲身陪侍过的名人如本田汽车创业者本田宗一郎、诺贝尔物理学奖得主汤川秀树统统拉出来，以证明艺伎的“闪光魅力”。其实，就是这个峰子把阿瑟·戈尔登领进艺伎世界，后来又状告他不守约，暴露了男人包养艺伎的价码。相信美国人守约，那是她重犯了蝴蝶夫人的错误。凭美国的霸道，打你玩你没商量，捧你也没商量，艺伎界终归只能眼看着电影在日本上映，幸而观众也不大买账。

关于艺伎，我们的张爱玲说过：“日本美女画中有著名的《青楼十二时》，画出艺伎每天二十四个钟点内的生活。这里的画家的态度很难得到我们的了解，那倍异的尊重与郑重。中国的确也有苏小妹、董小宛之流，从粉头群里跳出来，自处甚高，但是在中国这是个性的突出，而在日本就成了一种制度——在日本，什么都会成为一种制度的。艺伎是循规蹈矩训练出来的大众情人，最轻飘的小动作里也有传统习惯的重量，没有半点游移……这样地把妓女来理想化了，我能想到的唯一解释是日本人对于训练的重视，而艺伎，因为训练得格外彻底，所以格外接近女性的美善的标准。不然我们再也不能懂得谷崎润一郎在《神与人之间》里为什么以一个艺伎来代表他的‘圣洁的 Madonna’。”

张爱玲也是把艺伎当作了妓女。中国自有多才多艺的妓女，乃至自处甚高，但青楼花街到底未分工，而日本艺伎是文艺工作者，陪酒不陪衾。清末名士王韬东游百日，被日人讥为好色之徒，就抱怨艺伎“不教云雨梦襄王”。他欣然记述：“日本探花之例，以茶屋为先导，谓之引手。先于茶屋中开绮筵，招艺伎。歌舞既终，管弦亦歇，更阑烛灺，客意告倦。艺伎乃导之娼楼，择其美者，解淳于髡之襦，而荐宓妃之枕焉。”

艺伎的出现往远里说是 18 世纪，但昌盛在明治维新后，那时候政客、商人、官僚时兴在酒楼茶屋招伎，吃喝玩乐谈政治，使艺伎遍地开花。她们被自幼严训，加工成玩偶似的艺术品，在酒宴上歌舞助兴，或类似中国古代的歌伎。艺伎卖身向来是违法的，但可以被男人包养，似娼而专属，似妾又没有名分。田中角荣当初竞选上议员，二十八九岁，包养了十九岁的艺伎，前年这艺伎写了一本书，回忆她俘虏田中角荣四十余年，生二男一女。夫人似大度能容，而嫡女真纪子长大后为父亲的外宅切齿。

卖艺也罢，卖身也罢，在周作人看来，都跟武士一样是奴隶。他在1919年写道：“艺伎与游女是别一种奴隶的生活，现在本应该早成了历史的陈迹了，但事实却正相反，凡公私宴会及各种仪式，几乎必有这种人做装饰，新吉原游郭的夜樱，岛原的太夫道中……变成地方的一种韵事，诗人小说家画家每每赞美咏叹，流连不已，实在不很可解。这些不幸的人的不得已的情况，与颓废派的心情，我们可以了解，但决不以为是向人生的正路，至于多数假颓废派，更是‘无病呻吟’，白造成许多所谓游荡文学，供饱暖无事的人消闲罢了。”

不过，什么事物一旦被捧为传统文化，就会被恣意美化，别人往往也只好跟着欣赏。美化艺伎，归功于旅游业，而文学家更是功不可没。所谓花柳小说，多是写艺伎生活，永井荷风是第一高手。川端康成的名作《雪国》也写的是艺伎。有温泉，有艺伎，这就备足了日本风情。驹子是东京训练出来的艺伎，回到雪国，爱上来此闲游的岛村，这爱情一开始就写得很绝望，再发展一下，又是一个蝴蝶夫人也说不定。人生全都是徒劳，就只有一死，不是死于爱的绝望，而是死于生的徒劳。这么一想，田中角荣和艺伎的相爱相依还真是难得哩。

武士早已从街面上匿迹，艺伎却风韵犹存，虽然也已是一抹余晖。对于大众来说，艺伎从来是高岭之花，可望不可即。现今艺伎出没的地方，东京有六花街：新桥、赤坂、芳町、神乐坂、向岛、浅草；京都有五花街：上七轩、祇园甲部、先斗町、宫川町、祇园东。观光京都，在祇园一带遇见艺伎是一个惊喜。茶屋是招伎作乐的地方，黄昏时分，偶尔窥见它打开玄关，一条洒了水的小径通向深处，仿佛“穿过长隧道就是雪国了”，走进去可能走进另一个天地，走不进去就不免对里面的事情生疑。茶屋有“生客恕不接待”的规矩，神秘兮兮，也许真像章子怡扮演的艺伎所言：不神秘，艺伎世界就不存在了。

看了电影之后油然打油，云：

面如观世音如呗，一会一期聊一陪。

文化大旗能说事，古都还数看花魁。

相扑

稻绳为界土为台，壮腹如牛对阵来。

系紧兜裆七尺布，任君扭打任君摔。

若列举三样东西来说道日本，我想，不少侨居日本的人会举出樱花、相扑、新干线。新干线坐过几趟，和中国的火车相比，与其羡慕人家的快，不如佩服那到家的服务。樱花是一年一度，心不变则樱亦不变。至于相扑，一年四季总会在电视上看几眼，议论几句。夏威夷出身的力士小锦当年说得妙，相扑是有规则的打架，但这种话纯种日本人可不爱听。相扑如今被当作“国技”，但当年黄遵宪大概不觉得有趣，没写进《日本杂事诗》。翻阅相扑史，我感觉别有趣味的，是它居然与平安年间首屈一指的汉诗人菅原道真有关系。

6 世纪的古坟曾出土力士俑，可知相扑的历史很久远。据史书《日本书纪》记载，垂仁天皇七年（公元前23年），秋七月七日，左右禀奏：当麻邑有一个叫当麻蹶速的，为人勇悍，力气大得能毁角弯钩。他经常夸口，要找天下的力士比试。天皇听了，就问有没有人能应战。一个大臣上前回答：听说出云国有一个勇士，叫野见宿弥，可以召他来对付当麻蹶速。即日传诏，把野见宿弥从大老远的地方找了来。二人相对而立，抬起腿来你踢我我踢你。当麻蹶速被野见宿弥踢断了肋骨，踢折了腰，当场毙命。天皇把当麻蹶速的田地都赏赐给野见宿弥，留他在朝里做官。各位看官，你道这野见宿弥何许人也？原来他不是别人，正是菅原道真的先祖。莫问真假，892年菅原道真编纂《类聚国史》，就把这段记述当作七月七日相扑节的起源。

不过，记述当中并没有出现“相扑”二字。《日本书纪》里最早出现“相扑”是雄略天皇十三年（469）。说的是雄略年间有一个木工叫韦那部真根，一天到晚在石台上用斧子砍削木材，却丝毫伤不着斧刃，技术甚是高超。天皇觉得奇怪，问话，他大大咧咧地回答“绝不会有误”。天皇就要试他一试，叫出来几个“形容端正”的女官，脱掉衣裳，只系了兜裆布，捉对相扑。真根看了一会儿，再举斧砍削，可就伤了斧刃。龙颜不悦，命令刀斧手推将出去，但听见工匠们唱歌叹息，又开恩赦免。这就是关于女相扑的古老记载。

野见宿弥和当麻蹶速为什么相扑？众说纷纭。民俗学家折口信夫解说：是演戏祭神，让从远处来的神誓约压服精灵，守护土地。也有人认为是丧葬活动。我总觉得事情没那么复杂，当初不过是游戏罢了——农事小憩，年轻人在田间较力，众人围观。后来逐渐形成表演性，或用以娱神，或用之送葬，用途很不少。《平家物语》书中有这样的故事：天安二年（858）文德天皇驾崩，四皇子惟仁与异母长兄惟乔亲王争夺皇位。公卿大臣们挠头，决定用赛马和相扑来一个物竞天择，谁赢了天皇就是谁。赛马，惟仁先败四马，后胜六马。比赛相扑，惟乔派出名虎，惟仁派出雄熊。眼看雄熊要败，惟仁阵营的和尚惠亮在护摩坛上拿起金刚杵，把自己的脑浆敲出来焚烧。黑烟滚滚，雄熊取胜。于是惟仁登基，当时才九岁，即清和天皇，平安时代前期在位十八年。

日本的年中行事多来自中国，定型于平安时代。当初是宫廷及贵族的活动，逐渐流行民间。七夕这个节日在平安时代以前已经传入，但日本远古几乎没有星辰神话，可能对牛郎织女的故事不大感兴趣，于是加以改造，白天比赛相扑，晚上文人雅集，吟诗作赋。本来是从中国传来的观念性知识，演变为宫廷仪礼。崇尚武功，亦不废文事，就有了日本特色。菅原道真的《菅家文草》里录存了几首七夕应制之作，唯“竹窗风动笙歌晓，意绪将穿月下针”两句有趣。

为何无宦官

有个叫桑原骘藏的，大正十二年（1923）写了一篇八千多字的文章发表在大阪的报纸上，题目是《中国的宦官》。道：

“独我国自隋唐以来广泛采用中国的制度文物，但唯有宦官制度不拿来，这不能不说实在是好事。英国的斯坦特曾发表论文《中国的宦官》，一语道破：东方各国如此普遍的宦官制度在西方却不太流行，这完全托基督教的福。然而，我国丝毫不指望宗教的力量，竟然不沾染此一蛮风，岂不更足以自负。我们就此也必须十分感谢我国当时先觉者的思考辨别。”（见《桑原骘藏全集·东洋史说苑》）

中国人对宦官向来没好感，也就情不自禁地佩服一下日本人，虽然当今电视上宦官与和尚露脸，皇帝并奴才争风。宦官固然鄙陋，但是把朝廷衰亡归罪于他们的“非人性”，似不无儒家观念的偏见。宦官或阉人当中也不乏伟人，如司马迁、蔡伦、郑和。到了皇帝身边就变坏，或者变坏才能到皇帝身边，问题未必先出在阉了他。就宦官制度来说，日本的确很值得庆幸。不过，没学中国的地方多了，以为他们什么都学，都学得来，那才是一种误解。没学并不就表示比中国高明，倒可能是过于落后，歪打正着，坏事变好事。其实关于宦官这件事，直到这位桑原骘藏（1870—1931），好像日本人从未说道过好坏对错。

一场甲午战争，日本打败了大清帝国，总算出了一口压在心头千余年的恶气，但是要彻底走出中国的阴影，还必须从文化上打垮。枪杆子，笔杆子，翻身靠这两杆子。桑原骘藏是东洋史学者，充当笔杆子，大写《中国人辫发史》《中国人吃人肉风习》《中国的宦官》什么的。似乎说中国的坏，便反证了日本的好。中国何以有宦官？桑原写道："中国人是嫉妒心极强的国民。读《礼记》等就很容易了解，他们从前为避免男女之间的嫌疑，制定了超乎我们想象的种种神经过敏的礼仪和作法。在如此气质的中国人中间，作为避免男女嫌疑、慰藉嫉妒心的手段，以至使唤中性的宦官，或许是顺理成章。"四十年后，三田村泰助把桑原的文章敷演成书，题为《宦官》，"终章"试图给先觉者的思辨做一个注脚，触及日本为什么不曾有宦官。照他的意思，宦官是伴随征服异民族这一现象而发生，日本古代社会不曾和异民族广泛接触，更不曾征服他们，其结果，日本的自然环境是岛国，成为造不出宦官的决定性条件。日本积极输入大陆文化的时候是唐代。作为宦官来源的宫刑早已在隋代废止，唐代五刑是笞、杖、徒、流、死，所以日本没的输入，也就不曾有宦官。其后受佛教文化的影响，不可能再搞这么残酷的勾当。

陈寿著《三国志》记载了日本的前身倭国，虽然西尾干二们在《国民历史》一书中说没有史料价值，但是就考古学成果来看，这部史书所言不虚：其地无牛马虎豹羊鹊。马是4世纪末叶带入日本列岛的。日本园艺颇发达，对动物品种的改良却大大落后。日本古语里没有表示去势的词语。梵语称阴茎为魔罗，日本人无知，以为切去阴茎就绝了淫欲，便叫作“罗切”。1898年柳泽银藏才著有《去势术》。势（睾丸）由人予夺，家畜从本能上顺从了人类。有日本人观察秦始皇陵墓的马俑，说那些战马都去了势。1577年淡河弹正抵御丰臣秀吉的进攻，预备了五六十匹母马，两军对阵时放将出来。丰臣的五百铁骑秉公而有势，勃然大乱，不战自败。18世纪20年代，德川幕府从中国和荷兰买进马匹，荷兰兽医和中国人沈大成也前后来日本传授养马及骟马的知识。八国联军进北京，日本军马没骟过，在队列里尥蹶子，“罪文化”的欧美兵大加嘲笑，于是“耻文化”的日本陆军把军马统统骟它个球的，就此“入欧”。

或许像《三国志》记载的那样，日本女人不淫，不妒忌，那就不需要阉割了男人以维护她们的贞洁。大人物拥妻四五，未至三千，偷春也看得过来。性之成为享乐乃至特权，是人类进步所致，倘若未彻底脱离原始，出于本能，猫不发情不叫春，男人也不淫。但是把事情往文化上说，日本历史上毕竟少了一样宦官文化。据汉字研究家白川静考证，羌字在公元前 14 世纪的甲骨文里是切断阳具的象形。汉代犍牛，可能像西班牙斗牛，利刃一挥，割下奔牛的巨势。宦官也是官，当官发财，自宫者代不乏人。以前在广阔天地里接受再教育，见识过劁猪，由贫下中农执刀，一小手术而已。日本人淫巧，当然不会学不来。之所以不学，或如文化人类学家石田英一郎所言：去势本来是一种畜牧技术，被文明国家应用到宫廷生活中来。从文化史或文化圈来看，大陆文化要素未传入日本或者日本未普及的，大部分直接或间接地属于畜牧文化系统。

和吃肉的游牧民族相比，日本是吃米的民族，畜牧业从未发达。虽然弥生时代也养过猪，但不知何故，平安时代以降，直至 17 世纪，不再饲养。普遍吃鸡，以至大街小巷卖“烧鸟”，是江户时代以后的事。吃“牛锅”更是拜文明开化之赐，但到底压不过吃鱼，他们吃鱼内脏，却至今不爱吃猪牛下水。这样的民族自然不关心阉割。不会骟马，也不会骗人，终于没骗出宦官来。

河豚

黄遵宪奉使随槎，吟到中华以外天，纪事咏物，妙趣横生，但那二百首杂事诗里没有写河豚，可能因为他在日本当参赞那两年河豚还属于禁食之物。不然，想起苏东坡的“正是河豚欲上时”，也会吟到拼死吃河豚的趣事罢。

河豚，日本也是用这两个汉字，古时读若“福”，但现代标准语按东京的叫法统一鱼名，读成“不具”，就不大好听了。据说捕捞养殖输入的河豚百分之七十被大阪人吃掉，那一带至今坚持读古音，或许也不无反抗中央的心理。河豚有大毒，味虽珍美，修治失法，食之杀人（《本草纲目》语）。日本人自有其可爱之处，谚语里老老实实说想吃河豚舍不得命。甚而干脆就叫它“铁炮”，中了弹难逃一死。俳人也吟得可怜巴巴，例如，传为芭蕉之作的“河豚汤，也有鲷鱼嘛，太孟浪”，“吃河豚，夜里说梦话，念佛哪”。最妙的是吉田松阴（1830—1859），大辟在即，狱中作《不食河豚记》，云：“世言河豚有毒，嗜之者甚夥，余独不食。非惧死也，惧名也。人必有死，固不足惧，然死生亦大矣，苟为一鱼之小而致死生之大，思之岂非有辱士名乎……或谓河豚之美，非众鱼可比，不食则不知其美。夫清人所恶之鸦片烟，其味非不美也。其味愈美，则其毒愈深。故今日嗜河豚者，他日必贪鸦片者也。”吉田是思想家，开两年村塾就培育了不少明治维新的风云人物，如伊藤博文。他的这个思想让我想起比苏轼晚生九十年的范成大有诗《叹河豚》：“一物不登俎，未负将军腹。为口忘计身，饕死何足哭。”

从濑户内海经关门海峡西出东海、黄海，那里是河豚的主要渔场。海峡北岸的下关（过去也叫赤间关、马关）是河豚城，集散全国百分之八十的河豚，大头娃娃似的河豚造型到处可见。1592年，统一了日本的丰臣秀吉集结大军，出兵朝鲜，“假道入明”。那些从山沟来的士兵途经下关，不知好歹地大吃河豚，出师未捷身先死，恨得丰臣发出禁食令。明治政府也颁布法令，食河豚者处以拘留或罚款。下关有一旅馆名春帆楼，偎山临海，伊藤博文来游。女店主是眼科医生之妻，有法不依，为这位首任总理大臣料理了一席河豚宴。他大快了朵颐，或许又想到天下百姓，命山口县令解禁，春帆楼便成了河豚料理第一家。时当1888年，黄遵宪四十一岁，前一年《日本国志》脱稿。到了1895年，伊藤博文选定春帆楼，与我大清议和全权大臣李鸿章谈判，签订了赔款割地的条约，是为中国人憎恶日本之始。当时李鸿章还挨了一枪，弄得伊藤只好做出点让步，但不知请没请中堂大人吃河豚，待考。昭和年间天皇也曾下榻春帆楼，他当皇上之余还研究鱼类，却不能品味河豚，因为厨师虽持证上岗，犹怕万一。

大概宋代颇盛行吃河豚，比苏轼早生三十多年的梅尧臣也有诗："春洲生荻芽，春岸飞杨花。河豚当是时，贵不数鱼虾。"日本吃河豚讲究在天寒，那时节河豚正处于排精产卵前。某些品种有溯河性，"欲上"中国餐桌时就到了春暮。如今人工养殖发达，自然的季节性美感日趋淡化。它肉白味淡，正合乎日本尚白好淡的传统。传闻虎河豚最为鲜美，其实，决定其味道的是那种用橙汁调制的酱油，各店秘制，竞争食客。再加些切碎的小葱、带点红辣椒的萝卜泥，酸溜溜的，入口特别爽。不消说，日本人吃鱼的首选是"刺身"。河豚生肉片厚了嚼不动，必须切得薄薄的，在青瓷大盘上平铺成菊花或仙鹤图案，还透出盘底色彩来。我更爱吃火锅，虽然净是剔去好肉的骨头，配些茼蒿、豆腐、白菜什么的。从下酒来说，凉拌皮丝（热水焯过的）或皮冻再好不过了。酒当然喝烤鳍酒——把干燥的河豚鳍用炭火烤得将焦未焦，放在杯子里，注入烫得很热的清酒，闷一会儿，揭开盖子便飘出一股子异香。喝到微醺，然后才能体味到“杂炊”收场有多么惬意。那是在剩汤里加入米饭，打个蛋花，撒些碎葱，佐以梅脯咸菜，吃法似寒素，却也有原汤化原食的意思。河豚的卵巢毒最大，居然也被日本人糟渍成“天下绝品”，是金泽的名产，可惜还不曾尝试。

阿城在《常识与通识》中谈到吃，说“若到日本，不妨找间餐馆（坐下之前切记估计好付款能力），里面治河豚的厨师一定是要有‘上岗证’的。我建议你第一次点的时候，点带微毒，吃的时候极鲜，吃后身体的感觉有些麻麻的。我再建议你此时赶快作诗，可能此前你没有作过诗，而且许多著名诗人都还健在，但是，你现在可以作诗了。”如果让我来建议，那么，你最好在进店之前估计好付款能力，此事很容易，非常大众化的“虎河豚亭”门口就摆着菜样，惟妙惟肖，明码实价是日本人经商的一大特色。坐下之后再起身走人，不大合乎常识或通识，虽然是老外。

港人蔡澜通晓日本食色，据他说，若认识店家，也许给你尝一点毒。我不认识店家，也不去确认厨师有无“上岗证”——侨居日久，已丧失国人特有的高度警惕性，所以身体未感觉麻麻的。但也作了诗，是烤鳍酒喝多了，晕晕的，曰：

如蛙如虎气如鼓，无奈人间好刀俎。

生猛不闻鱼有声，满盘拼作秋菊赋。

锦鲤绕岛影

别梦依稀，四十年前跟一群同学从长春下乡，接受贫下中农再教育，那地方叫小山嘴子，有山有水，让知识青年不由得浪漫。冰雪消融，冬眠醒来的蛤蟆顺溪水下来，发情的鲤鱼沿牡丹江上来，火急火燎，只差没上岸，露出脊背在浅水中折腾，当地叫咬汛，简直像过年煮一锅饺子。说时迟那时快，老乡扑腾腾跑上前，用柳条编织的罩子罩鲤鱼，甚至一下子罩住两三条。我们那时被算作高贵，高贵者最愚蠢，当然罩不到，只好掏钱买，然后用酒精棉塞了嘴和腮，背回城里去探亲。大的有一米多长，小个子同学背着它尾巴拖地，招摇过市，路人瞠目。

二十年前随大流来到日本，第一次看见锦鲤，惊诧其美。以前年画上常见红鲤鱼，而日本金鱼从大明朝输入，不禁想当然：锦鲤当然也中国古已有之，只是我东北人，猫冬无非在炕头听听王本山张本山唱二人转小调，少见多怪。不久知道了锦鲤是日本人培育的，“既是复疑非”，1973年，也就是中日邦交正常化第二年，日本曾赠给中国领导人。这大概与总理田中角荣有关系，他喜爱锦鲤。

田中是新潟人，新潟县小千谷市就是锦鲤之乡。每年春秋那里举行锦鲤品评会，我没赶过集会的热闹，而是夏天去观赏，池塘里百余条“游动的宝石”交映，斑斓如锦，真个是赏心悦目。

小千谷在群山之中，层峦叠嶂，冬天就变成雪国。村民开梯田，种水稻，并且在田里养鲤鱼，以补食用。也有人家掘池塘，与厨房相连，逢年过节来客人，就捞来鲤鱼做鱼生什么的。鲤鱼通常是黑色的，日本叫“真鲤”；我见了黑色的真鲤鱼就食指动，但看见反常的红鲤鱼则止于观赏，不会由红而想到红烧。鲤鱼突发异变，鳞上出现了怪怪的颜色，煞是好看，好事者留下来饲养，这就是锦鲤养殖之始。一般认为时间应该在江户时代后期，即19世纪初叶，不过，这个年代完全是民间传说，并没有文献记载。当初把变色鲤鱼叫“色鲤”，从新潟运到五六百里之外的东京能卖大价钱。“色鲤”与“色恋”同音，诱人固然诱人，但玩物丧志，明治之初的1874年县府明令禁养。禁而不止，反倒更盛行，乃至形成了“鲤市”，但长年间品种也就是“绯鲤”、“浅黄”。1889年，小千谷市的鲤鱼商培育出一种叫“红白”的品种，这才是现代锦鲤的源头。1906年东京金鱼商把日本引进不久的德国无鳞鲤和“浅黄”相交，创作出“秋翠”，自此多品种化。1914年在东京的上野公园举办博览会，新潟村民把鲤鱼拿来参展，名之为“变鲤”，荣获银牌，裕仁皇太子（昭和的天皇）看了也大感兴趣，村长感激涕零，进献宫中。变颜变色的鲤鱼出了名，身影游四岛。1910年代，被长久埋没的孟德尔遗传定律也传进日本山村，改良交配技术，杂交出更为华丽的品种，被惊叹为“锦鲤”。到了1950年代，各种称呼统统被淘汰，约定俗成，尊为“锦鲤”。1960年以后日本人日益富起来，锦鲤成为宠物，并走向世界。

“锦”字是日本爱用的，譬如多色套印浮世绘叫作“锦绘”，锦鲤成群游动，的确像一幅“活锦绘”。鲤，日语叫Koi，欧美把锦鲤就叫作Koi。日本美有华丽多彩的一面，如京都的金阁寺，如和服，以及锦鲤。不过，游日本庭园，如属于日本三大名园的金泽兼六园或冈山后乐园，曲径通幽，池塘中三五锦鲤游过来，嘴露出水面，翕动索食，这时倘若发思古之幽情或许就错了。因为锦鲤的历史并不长，当初园主们赏玩的只能是黑鲤，像现今皇宫护城河里的那些。

锦鲤被日本人称作国鱼，如樱花是国花，并非法定。照此说来，中国的国鱼应该是金鱼。近年在北京下馆子，似乎很少见鲤鱼，大快朵颐的是外来鱼，罗非鱼什么的。但也该知道，哪里的中国式庭园放养着锦鲤，它可是日本“元素”，像故宫里的星巴克，虽然鲤鱼是远古从中国东渡的也说不定，古诗不是有“丝禽藏荷香，锦鲤绕岛影”么。

孔子不问马

不好啦，马厩失火了……

孔子上朝回来，听说家里的马厩被烧个精光，问：伤人没？

没，家人回答。我心下却不免疑惑：虽说老先生过得食不厌精、脍不厌细，也不能不在乎马呀。春天乘着马车来，还得坐马车上下班呢。

但，孔子不问马。

不关怀牛马好像也少了点仁义，有人就出来辩护：盖仓促之间，以人为急，偶未遑问马耳，非真贱畜，置马于度外，以为不足恤而不问也。更有人干脆把句子断为：伤人乎？不（否）。问马。于是，我们的人道主义者便涂上西方色彩。《论语》的这段话通常理解为孔子爱人胜于爱马。日本人正相反，如西方人所言，他们可怜杀动物却不在乎杀人。到了汉代，董仲舒独尊儒术，说：天地之精所以生物者，莫贵于人；人，下长万物，上参天地。这正是“不问马”的注脚。原来世界上人是第一可宝贵的。除了空荡荡的天，光秃秃的地，一切东西，死的活的，统统归人管。管即用，无所不用其极。只要有了人，没有原子弹可以造原子弹。两千多年来中国人的动物观一脉相承，甚而更发扬光大。

孔子学说的核心是仁。仁即爱人，是对于人的普遍重视。对于动物，孔子的态度具有两面性。一方面认为鸟兽不可与同群，事关克己复礼，更不能对动物讲仁义。子贡仕鲁，厉行节约，想废了每月初一宰活羊祭祀宗庙的仪式，但是以老师自居的孔子横加干涉：告诉你，你小子怜惜羊，我可要存续礼。礼乎礼乎，这一面的孔夫子不招现代人爱。另一方面，取物以节，他射鸟不射窝里的，以免连窝端；钓鱼只是一竿一竿地钓，不用绳子横河挂上一排钩，不撒大网。挥霍可以，唯其不可以无度。那个季桓子得到个艺伎，玩一两天无妨，第三天还怠于政事，他老先生可就走人。屠夫杀人不是杀了一头猪，诗人杀人不是作了一首诗。所谓中庸，就是把握度。千百年来若是按孔子的既定方针办，凡事有限度，有节制，生存环境何至于糟到这般地步。

动物的不可思议也教人生出些劣等感，但总的来说，对动物极尽贬低之能事是中华民族及其文化的一大特色。中国人的骂，堪称世界之最。骂起来基本有两套，一套从人伦上骂，一套从物种上骂，骂作禽兽。只要不把他当人，就可以按猪狗处置，名正言顺，心安理得。吕后残害汉高祖宠姬戚夫人，害的不是人，是“人彘”。天地生万物以养人（董仲舒语），动物生来就是给人吃的，杀之为义。看见一只蝎子，杀之则伤仁，放之则害义，说话两头堵，教人干坏事也振振有词。吃肉的猴子变成人。肉食者是高等人。不但吃，还用来祭神祭祖。475 年大兴佛教的北魏孝文帝曾下诏禁杀牛马，但好像没人听。爱之为仁，中国人宠爱的动物要么是龙凤麒麟，龙肝凤髓想吃也吃不着，要么是金鱼哈巴狗，被改造得没法吃了。进化就是一步步脱离自然界，未必光是好事。靠吃其他生物存活演进，这才是人类的“原罪”。以前听说日本人不爱吃肉，就悬想他们应该很保护动物罢。

绳文时代日本人食肉主要是鱼贝，其次是鹿、猪、狗等。孔子感叹道不行，乘桴浮于海，想来那年月常有人泛海而去。大陆人前仆后继来日本列岛，传播稻作，融入弥生时代的主流社会。中国古代有六畜六兽之分，庖丁料理的六畜是马牛羊猪狗鸡，但史书记载 3 世纪末日本没有牛马虎豹羊鹊。似乎渡来的大陆人少有肉食者，而且入乡随俗，以至日本畜牧业始终不发达。538 年朝鲜半岛的百济向大和朝廷献佛像佛典，是为日本佛教之始。587 年崇佛的苏我氏消灭排佛的物部氏，圣德太子摄政，推行佛教立国。676 年天武天皇发出禁止杀生令，不许吃牛马狗猴鸡。从此，直至明治维新，“不吃肉文化”延续千余年。不过，鹿和猪（野猪）未列入禁令，因为这两种动物历来是皇家贵族狩猎的对象。有人推断，天武天皇之所以禁止杀生，翌年又发布放生令，既为佛教，也是为压制从大陆亡命而来的百济人势力。传说百济王是秦灭亡后逃到朝鲜半岛的秦族后裔，历代以畜牧为业，他们吃惯了家畜肉。准确地说，日本人不吃肉是不畜养家畜，至于山野的飞禽走兽，历来是照吃不误。其结果，野生动物也多有灭绝。

平安时代（794—1182）食肉之禁有所松弛。据 927 年编纂的《延喜式》记载，公卿吃兽肉，三日不得参列宫中神事，但吃鸡不在此限。室町时代（1333—1573）肉类以鱼为上品，鸟次之。鱼类中河鱼为上，海鱼为下，鱼中之王是鲤。鸟是鹰雁雉鸭鹑雀鹤，什么鸟都吃。葡萄牙人占领澳门二十余年后，1543 年有商人被台风刮到种子岛，日本人第一次看见洋枪，看见金发碧眼的人吹喇叭似的仰头喝葡萄酒。耶稣会走向东方世界，1549 年在鹿儿岛上陆，带来基督教，也带来牛肉文化。当时的传教士路易斯·弗罗伊斯在《日本史》一书中记述：欧洲人爱吃鸡和鹑，日本人爱吃野狗、猴子和猫；欧洲人喜欢乳酪、黄油、骨髓，而日本人讨厌这些东西，觉得臭不可闻；欧洲人不吃狗肉吃牛肉，日本人不吃牛肉，把狗肉当补药吃。日本信徒还没来得及嚼一口牛肉，17 世纪就闭关锁国了。江户时代（1603—1867）实行身份制度，士农工商之下是贱民。他们从事皮革业，屠宰牛马，可以吃其肉，被视为下贱污秽。一般江户人大快朵颐的是狗肉，也吃鹿猪狸兔獭熊等野兽。

在汤岛建圣堂祭祀孔子的江户幕府第五代将军德川纲吉爱仁爱过了头，发布《怜生类令》，除了鱼类，什么荤腥都不许吃。有人效忠这位空前绝后的动物保护主义者，发誓连苍蝇蚊子跳蚤虱子也不弄死。话说一武士，儿子患病垂危，听说吃燕子可救，就射下飞过房前的燕子做药用，结果被发现，父子双双送死。虽然形成了“四条腿污秽”的观念，但想识肉味的人总是有的。某神社生财有道，卖给人们箸和札，上书“业尽有情，虽放不生，故宿人身，同证佛果”。有了这道免罪符，就可以放心大胆地开戒，而且是功德，把鸡犬装进胃袋里一道上西天。这真是牙缝里剔出的仁慈。

鲸鱼没有腿，江户人就捕来打牙祭，至今还闹着非多捕它几条不可，说是日本食文化。19 世纪初，江户城里半明半暗地开了第一家兽肉店，称作药食铺，招牌上写着“山鲸”（野猪肉）；鹿肉叫红叶，马肉叫樱花。1854 年美国人彼理率七艘战舰敲开了日本闭锁二百余年的国门，但幕府宁死不提供牛肉，弄得彼理们只好大吃海龟。1868 年以后，明治新政府大力提倡吃肉，让失了业的武士开牛马公司。不吃牛肉就不算文明人，肥牛火锅大流行，假名垣鲁文的小说《安愚乐锅》描写了那种情景，滑稽可笑。

鱼与牛肉不可兼得的话，大概今天的日本人还是爱吃鱼，尤其生着吃。十年前牛肉进口自由化，商店里也常见美国牛肉、澳大利亚牛肉了，甚是便宜，好像是专门卖给穷人的。福泽谕吉曾预言：随着社会开放，将来人人吃牛肉。预言实现了，但牛肉和牛肉不一样。

诸葛亮

老话说，三个臭皮匠，凑成一个诸葛亮；但近年常听说的是一个中国人是龙，三个中国人是虫。而且总是跟日本人比着说，他们一个是虫，三个是龙，那么，三个日本臭皮匠才能凑成诸葛亮，呼风唤雨。

还有句老话：老不看三国，少不看西游；不妨再加上一句：青不看红楼。该看的时候不许看，是中国教育的特色。日本没拿来这个说法，老少都爱看三国。有个叫渡部升一的，年将八十，著述甚丰，言必称中国为支那，说小学五年级读三国，乃至改变他人生本质。三国人物，中日所爱不大一样，比如曹操，东临碣石有遗篇，虽然如今不怎么说奸雄了，但传统舞台上白脸他还得唱下去，我们就难以像日本人那般喜爱。对于他们来说，不是自家历史，爱憎也无须分明。日本人最爱诸葛亮，所谓三国热，其实大半是诸葛亮热。

说到诸葛亮，日本人心里油然涌起“星落秋风五丈原”。这句诗见于《三国演义》第三十八回：“次日，诸葛均回，孔明嘱咐曰：吾受刘皇叔三顾之恩，不容不出。汝可躬耕于此，勿得荒芜田亩。待我功成之日，即当归隐。后人有诗叹曰：身未升腾思退步，功成应忆去时言。只因先主丁宁后，星落秋风五丈原。”我们读三国，读到三顾茅庐，无不为诸葛亮出山而欢呼，哪里还在意这种诗。日本人的熟知并非来自于三国，而是土井晚翠拿这句诗作题目，咏叹诸葛亮，广为流传。晚翠，笔名取自宋诗，他的诗是汉诗式的，一抹哀愁，为近代诗坛增添了浪漫色彩，但后来被欧美式新诗驱逐，他诗中的汉字如今把日本人读得绊绊磕磕。

《星落秋风五丈原》开篇吟道：“更深岐山悲秋风，阵云暗暗五丈原。露珠零落繁似锦，枯草遍野马正肥。奈何蜀军旗无光，鼓角寂寂今无声——丞相病奄奄。”这首叙事诗长达三百四十九行，分为七章，第一章七次重复“丞相病奄奄”，低徊哀伤。土井写此诗的时候不到三十岁，正当明治年间，不仅被节选收进中学课本，而且有人给谱了曲，像军歌一样传唱。诸葛亮的悲剧形象从此定型，深入人心。我们也慨叹他运气坏，每每随口吟出“出师未捷身先死”，杜甫这句诗似乎更具有普遍的人生情怀。

一般日本人读的三国并非我们的《三国演义》，而是吉川英治连译带写的小说《三国志》。横山光辉就是据吉川三国从1971年起画了十五年漫画，还添加了诸葛亮年轻时代的故事。横山三国又被拍成电视动画片。1985年电子游戏三国上市，当初人物按《三国演义》和《三国志》设计，胜利大都偏向蜀，惹得魏、吴粉丝们不满，后续就有意向正史靠近。吉川英治说：三国也可说是一部世俗小说，三国里有诗，如果除去诗，世界性宏大构思的价值也就变得枯燥无味了。所谓诗，应该是阿城闲话闲说的，《红楼梦》是世俗小说，它的好处在诗的意识。吉川三国写到诸葛亮病故五丈原为止，其后以“篇外余录”草草了结，原因是他认为始于曹操，终于诸葛亮，三国就是这两大豪杰争成败。这个收场也把诸葛亮形象深深烙印在日本人心目中。

他们倒不把诸葛亮当“外人”，甚至在渡部升一的眼里简直是Made in Japan，说中国人读《出师表》可不会像日本人哭得那么厉害，即便感动也不大有人实际上效仿。补给不济也出兵，像日军一样，因为诸葛亮知道不及早出兵就完了。关于诸葛亮，撇开此类有醉翁之意的怪论，日本人终归超不出中国古来的认识。惟其说忠义，他们不会用两朝开济老臣心，说空前绝后不会用万古云霄一羽毛，毕竟隔了海。

朱舜水

朱舜水，这是他的日本名。本来叫朱之瑜，德川光国把他老人家请到江户，执礼甚恭，不敢直呼其字，他只好给自己起了这么个号；舜水是他老家一条河。

德川光国是水户藩第二代藩主，后世变成了传说人物，就是电视剧没完没了搬演的“水户黄门”。他倘有奇行：被立为世子，觉得对不起大哥，于是把侄子收为养子，所以第三代藩主又是他大哥的后裔。朱舜水称赞光国让国而泯然无迹，真大手段。水户这个地名也曾给鲁迅留下印象，见名文《藤野先生》：“从东京出发，不久便到一处驿站，写道：日暮里。不知怎地，我到现在还记得这名目。其次却只记得水户了，这是明的遗民朱舜水先生客死的地方。”不过，朱舜水死在江户，并非水户，时间是 1682 年 4 月 17 日，享年八十有三。

一部中日交流史，从日本来说基本是留学史，从中国来说几近流亡史。大概除了鉴真等几个和尚为传教而渡尽风波，其他中国人，远自徐福，近至郭沫若、邱永汉，没一个是专程来弘扬中华文化的。朱舜水也属于亡命。梁启超将他列为明末清初五大儒师之一，与黄梨洲、顾亭林、王船山、颜习斋比肩。康有为作诗赞颂，其一："孔子已无丁祭拜，学风扫地丧斯文。我游印度佛教绝，一线儒学或赖君。"朱舜水"屈于明室，而伸于日本"，其价值即在于给日本人点拨了儒家思想及学问。

朱舜水参加郑成功的北伐军，兵败，逃到舟山，乘上商船，航线惯例是先至长崎，再往安南。此前他附船经商，六到长崎，其中有一次是随同明臣来乞师，铩羽而归。朱舜水清楚，德川幕府已锁国四十年，曾有南京富商十九人磨破了嘴皮要留寓，终未获准。然而，一个叫安东守约，号省庵的，却拉住袖子似的请他就此留下来。安东奔走请托，终于使长崎镇巡破例"开此厉禁"，朱舜水得以留驻日本。安东的年俸不过才二百石，实际领稻米八十石，拿出一半来供养孤身飘然的舜水先生。朱舜水是讲求实际的人，深知这份情义的难能可贵，视安东为"知己"，这二字他平生只给过两个人。

又有叫小宅生顺的，其才过人，亦有见识，非常人所能及。朱舜水在长崎五年，不大为时人所知，二十七岁的小宅奉命到长崎寻求硕德耆儒，与明人流寓者笔谈，发现朱舜水最有学问，推荐给位居幕府宰相的德川光国，于是聘召朱舜水东上江户，待以宾师。“江户礼聘，实先生全生涯之一转捩”（梁启超语）。

光国当初是浪荡公子，十八岁时读《史记》，有感于伯夷事迹，立志编纂史书。老后致仕，自号西山隐士、梅里先生。黄遵宪咏朱舜水有云：“终身耻食兴朝粟，更胜西山赋采薇。”光国对朱舜水其人发生兴趣，可能首先也在于他不食清朝粟。跟朱舜水读过两年书的安积觉（号淡泊）说：“非西山公之好贤，则不能发先生之蕴，相遇于千里之外，竟成天下之奇。”这是一点不错的。朱舜水本人曾辩白，自己已经大半截入土了，哪里有立功异域的念头，但碰到了好人，虽然身为老外，也愿意看见德化在日本成功。德川光国贤明谦厚，尊德乐道。朱舜水也去过水户，短期滞在。在那里讲学，“老者白须白发，亦扶杖听讲”，这种向学热情令他大为感动。光国在江户为舜水先生构居，他当初谢绝，后来还是住了进去，并且在这里奄然而逝，遗址在今东京大学农学部院内。光国辑成《朱舜水先生文集》二十八卷，自署门人。

朱舜水喜爱樱花，甚至说“使中国有之，当冠百花”。后来中国真的有了樱花，但历史并不像他想的那样世世和好，所以樱花再可观也难以居万紫千红之首。舜水先生七十岁时曾“欲辞西归”，但光国不允，终于死在了异乡。坟是明朝式的，在水户藩瑞龙山麓的德川家墓地，冈阜萦回，林木郁苍。他“自誓非中国恢复，不归也”，而今我大清早已写入中国历史，主子奴才们在影视上风光，骸骨归不归？黄遵宪咏朱舜水，前两句是“海外遗民竟不归，老来东望泪频挥”。效颦一首：

世事应知常代谢，恩仇偏教心难灰。

几人不食兴朝粟，海外遗民也望归。

蜀山人

东渡之初，还曾想专攻日本汉文学史来着。

这是有取巧之心。汉文学，哪怕是学走样的或者与实际相结合的所谓变体汉文，对于中国人，也应该比现代日本语容易罢，当初就这么想。记得多年前一位名闻读书界的学者批评台湾某日本学专家把日文翻译成中文有如“芭蕉的蛤蟆跳池塘——不通”，其实，专家是照搬了变体汉文，未施加翻译。譬如有这样的七律：“先生趣似东方朔，玩世年来面白游。一段机嫌酒疑浴，百篇狂咏笔如流。近乡在町闻风起，远国波涛结社稠。打犬儿童知寝惚，名高六十有余州。”诗中“面白”、“机嫌”等词费解，原来是日本人制造的汉字词语。古时候日本划分六十八国，也叫州，江户时代浮世绘师歌川广重（1797—1858）画有六十余州名胜图。这位“寝惚先生”

名气真够大，连招猫逗狗的儿童都知道，何许人也？

他就是“蜀山人”。此人和汉融通，雅俗兼具，为人潇洒，处世达观，像我们的唐伯虎一样，死后也变成一个传说（有些说法就是从中国抄来的，例如旧仆卖纸灯笼，他挥毫题词，于是乎远近争购云云），与一休和尚齐名。卒于1823年，现代文学家永井荷风说：死后一百年，江户时代雷名一世的名士随维新以来的时势渐次被忘却，唯独蜀山人声名依然如故，世人犹珍重其断简残编。然而，又一场战争过后，蜀山人湮没无闻。近年人们对江户时代及文化感兴趣，流为时潮，也几乎未见蜀山人复出，恐怕原因只在于蜀山人是汉文的。虽然江户时代最高级文化是汉文，但战后汉文教育衰败，已经几代人读不来汉文。

近代文学家森鸥外的汉文老师依田学海为蜀山人立过小传，汉文，有云：“大田覃，号南亩。幕府人士。好学，善文章，旁作游戏国歌。滑稽诙谑，虽村老野妪莫不绝倒。世所谓蜀山先生者也。”他生于1749年，十九岁印行《寝惚先生文集》，一举成名天下知。这个小文集里收录“狂诗”二十七首。明治以前，说诗就是指汉诗，也叫作唐歌，即中国旧体诗。蜀山人学诗，学的是荻生徂徕（1666—1728）一派。徂徕醉心于文必秦汉、诗必盛唐的明朝古文辞派，以模拟为能事，传到蜀山人，已经是末流，以至于变态。看似汉诗，却是在搞笑，被称作狂诗。什么都能拿来搞笑是日本人的天性，但也可说是学诗不走正道。况且学人家的东西就要模仿，模仿很容易流于谐谑。不过，能够狂起来，玩语言游戏，也表明把汉文汉字学到家，由雅倒向俗，或可藉以缓解外来文化的压抑，松动传统体制的禁锢。

狂诗古已有之，并非蜀山人始作俑，但岂止江户，《寝惚先生文集》也冲击京都和大阪，一时间狂诗盛行于世，以至定型为滑稽文学之一，所以称他为鼻祖亦不为过。后来又戏仿《唐诗选》里一些诗，刊行几本狂诗集，例如李白诗《越中览古》被篡咏为“越中裈”，一种有带子（纽）的兜裆布（裈）：“木虱如花满缝目，只今惟有怀中纽。”狂诗是江户文化由烂熟走向颓废的产物，玩世不恭，或许有“以无意义对抗体制意义”的意义。作为时代的宠儿，蜀山人独领世风，但井水犯河水，文坛领袖被误植为学界权威，就不免惨遭讥讽。精于考据的大田锦城不把他放在眼里，蜀山人怀恨，作诗回敬：“一混巴人下里群，不能诗赋不能文。锦城上客如相许，五月薰风醉此君。”中国文学研究家青木正儿也贬斥蜀山人的狂诗是劣等手段的愚作。

狂诗毕竟是汉诗，赏玩者限于读解汉诗文的知识人，让“村老野妪莫不绝倒”的不是狂诗，而是“狂歌”，即“游戏国歌”，也就是滑稽诙谑的和歌。狂歌也古已有之，蜀山人

1775 年编纂刊行《万载狂歌集》，用自己的才气和热情使这种游艺变成一种文艺样式，并风行于世。永井荷风认为“蜀山人的狂歌确然冠古今”。民众文化追求笑，18 世纪中叶狂歌与浮世绘同时勃兴，共同之点即在于笑。有如当今中国民众之热衷于小品，以富有机智的快活精神享乐文化，但小品是几个人演给大家看，狂歌则众人参与，读以及作，或许更近乎写段子、传段子。笑的文学是现实的文学，时过或境迁就笑不起来，只能让江户人自得其乐。用今天的文学尺度，狂歌已不值得鉴赏，这也必定是小品的宿命。

蜀山人自负为天下狂歌名人，因狂歌而成为幕府贪官的嘉宾。“今年三百六十日，半在胡姬一酒楼”，乃至一掷千金，把妓女赎回家当妾。1816 年用汉文为小山田与清著《拥书漫笔》作序，有云：“清人石庞天外集云，人生有三乐，一读书，二好色，三饮酒，此外落落都无是处，奈何奈何。余读之，不觉击节，曰：不图此汉酒饭囊中有如是读书种子也。”蜀山人追求这三乐，但后来作诗，只说读书与饮酒之乐：“欲知六十余年乐，万卷藏书一酒樽。”却原来年将不惑，掌权者更迭，所倚仗的贪官被处死，怕牵连，赶紧从花天酒地抽身，就此诀别了狂歌世界。老老实实当世袭的警卫步卒，每周出勤两天，余闲则闭门攻读圣贤书。科考合格，当上一介小文吏。数年后出差大阪官铜主管所一年，这是他生来第一次出门远行。本来是名人，自然少不了唱和，在那里起了个雅号：蜀山人。铜，别称蜀山居士，据说出自清人《事物异名录》。他还说“不知者以为真号，呵呵”，岂料这“假”名号叫得响，留传后世。

蜀山人一生钟情于汉诗，孜孜不倦，写下四千七百来首，但诗多好的少，恐怕在江户时代只能属于二流。七十二岁首次刊印汉诗集《杏园诗集》，序是多年前出差长崎时请一位叫张秋琴的清朝商人事先作好的，赞之为“东都诗宗”，溢美而已。其中有一首悼长女夭折，可算是好的：“抱罢明珠掌上空，苦沾双袖泪痕红。西窗一夜多风雨，犹似呱呱泣帐中。”与一流汉诗人相比，立见高下，譬如菅茶山——“蜀山人移家于学宫对岸，匾曰缁林，命余诗之：杏坛相对是缁林，吏隐风流寓旨深。每唱一歌人竞赏，有谁听取濯缨心。”

他真有濯缨之心吗？我爱读的是蜀山人随笔。二十多年前来日本，正好岩波书店刊行《大田南亩全集》，在图书馆闲翻，竟生出研修日本汉文学史的念头。美国的日本文学研究家唐纳德·金说：“人一生之间能阅读的作品量有限，而且近世随笔从全体来看也未必能说有值得广泛研究的高水准”，所以他撰著日本文学史，皇皇十八卷（日译本），未触及江户时代的随笔。我却觉得随笔有知识，有世态人事，比西方人视为正统的小说更有趣，特别是日本的汉文随笔，读来更有点孙猴子在人家园子里吃桃子的快活，还敢于指点好坏呢。以前我写过牵牛花、山茶花之类，其实都是读蜀山人引发的，他写有“牵牛花发瓦盆中”、“新花百种斗牵牛”的诗句，还写有“酌酒而醉，主人请名其居，因名椿亭。客有讲本草之学者，难曰：是山茶也，非椿也，流俗承误，莫知是正”云云。乐在读，读余也率尔操觚，如今用电脑，噼里里啪啦啦，不免更率尔。

永井荷风说：“余常以《伊势物语》为国文中之精髓，以芭蕉和蜀山人的吟咏为江户文学的精粹。”但当今日本，无人不知俳圣芭蕉，却很少人知道蜀山人。研究蜀山人，永井是先驱者，他还把三乐之说抄译在日记中，但“石庞”误为“石庞天”，编者不察，岩波书店版《荷风全集》就这么印着。石庞，字天外，我也不明不白，所幸终于没有搞什么汉文学史。

看明朝那些事

读《笑云入明记》，觉得有意思。

卷首有题签，云：“宝德三年辛未岁，从国使游大明，十月辞京师，壬申正月至筑紫博德，八月出博德，癸酉三月十九日始泛大洋，四月二十一日达大明宁波府，九月入北京，甲戌二月二十八日出北京，六月二十三日归船解缆，七月十四日到长门国。凡九百余日，所历览者无一不记。”

宝德是日本后花园天皇的年号，三年为公元 1451 年。备货，候风，遣明使团折腾了一年有半才扬帆渡海。九艘船，一千二百人，历尽风险，先后到宁波。笑云是临济宗和尚，担任书记官，随正使乘一号船，记录了出使全程。四月，“四日，鹰来息桅上，午后海水少浊，水夫曰，已入唐地”；“二十日，晓溯浙江，平明达宁波府，乃大明景泰四年癸酉夏四月廿日也”。

景泰四年是 1453 年。使团在宁波逗留三个半月后北上，于九月廿六日晚入崇阳门。翌日就到鸿胪寺学习朝圣礼仪，第三天在奉天门觐见二十多岁的景泰帝。“官人唱，鞠躬拜，起叩头，起平身，跪叩头，快走阙左门，赐宴，宴罢又趋端门，跪叩头出。”此后朝参二十多次，每朝参，必赐宴。还总有赏赐、馈赠，从皇帝到地方官员一体显示大国气度。当然也讨要，古铜大香炉什么的。

一位中书舍人对笑云说：“外域朝贡于大明者，凡五百余国，唯日本人独读书。”读书不达礼，难改野性，进京途中竟也敢作恶。《明实录》记载：日本使臣至临清，掠夺当地居民，派官员前去处理，又差点儿被打死。又记：沿途则扰害军民，殴打职官，在馆则捶楚馆夫，不遵禁约。但这些行径笑云都略而不记，只写下一行：“临清清源驿，齐地，有桓公庙、晏子庙，甘草多。”倒是幕府将军识大体，几年后请托朝鲜向明朝“谢罪”。

礼部验核文书，令日本人在“金屏风”上加一“贴”字，因为是贴金屏风，不是金屏风。某日赐茶，日本和高丽争位次，礼部官员只好让日本居左，高丽居右。日本跟朝鲜半岛诸国向来是冤家，争位次不是头一回。有个叫大伴古麻吕的，留学大唐六七年，海归当官。据《续日本纪》记载，天宝十二年（753），玄宗在大明宫的正殿含元殿接受百官及诸蕃朝贺，新罗被安排在东边第一位，居大食国之上，而日本在西边第二位，居吐蕃之下。大伴作为第十次遣唐的副使嗷嗷抗议，说新罗朝贡大日本国久矣，我反在其下，好没有道理。将军吴怀实就给调换了，新罗改在西边吐蕃之下，日本位居东边大食国之上。要说这个大伴的最大功绩，应该是归船把五次渡海失败的鉴真和尚偷渡到日本。

“冬至朝参，自左掖门入东角门，过凤凰池到奉天殿，见天子，文楼武楼之间万官排班，三呼万岁，声动天地。”朝参之外，笑云们经常游庙或逛街：

“月食，九重城里钟鼓雷轰。

“除夜，长安街列炬如昼。

帝回驾，入大明门。奏乐前行者，数千人。大象负宝玉行者，三匹。六龙车二。二象牵车者二。凤辇二，人肩之，其一帝御之。执戟拥卫者，数万人。甲胄士走马者，三十六万骑。

夜观灯至东长安街，望见端门万烛耀天。

有衣冠骑马，搭红绢于肩上而曳地从之，鸣鼓笛，以绕宫城者，予问之，则曰家产男子者，例如此云云。

“观灯市，灯笼旁皆挂琉璃瓶，瓶中有数寸鱼，映灯光而踊跃，甚可爱也。济大川题琉璃灯棚曰，冰壶凛凛玉龙蟠，其谓之乎。”由此想起神户的香雪美术馆藏有一幅布袋图，梁楷画，有大川普济禅师的题赞。

日本朝贡其实是贸易。厚往薄来也要有限度，礼部打算按时价付款，但日方说：若不给宣德八年那个价，咱们就不再回国了。宣德八年（1433）日本船运来硫黄二万二千斤、衮刀两把，而此次所贡，硫黄三十六万四千四百斤、衮刀四百一十七把，所有贡物都增加几十倍，整个是倾销。礼部改为比照宣德十年，日方也不从：回去的砍头，可怜可怜的。当皇帝的总是心太软，普度众生，解放全人类，唐玄宗所谓“矜尔畏途遥”，景泰帝则曰“远夷当优待之”。可是给加了铜钱一万贯，日本人犹以为少，礼部一边斥责他们贪得无厌，一边又加了绢五百匹、布一千匹。

正赶上景泰五年会试，三千人进考场，笑云到国子监观看，但“严设棘围，不许游人入”。半个月后发榜，三百五十名合格，笑云抄录了谕众通知的榜文，可见对科举大感兴趣。周作人“深钦日本之善于别择”，说它“唐时不取太监，宋时不取缠足，明时不取八股，清时不取鸦片”，其实，之所以不取，嗜好迥殊，恐怕是各有原因的。未必不想取，可能取不来，好像当初就独具慧眼，不过是歪打正着罢了。隋文帝创始科举，日本比朝鲜还早，728 年就照猫画虎，开科取士，可国情哪里比得了隋唐呢。西欧惊悉世界上还有如此公平、平等的人才录用法更要晚一千年，也就到了明末，本家已不堪其敝。1787 年松平定信当上江户幕府的首座家宰，断行改革。杜绝贿赂，厉行节约，独尊朱子学，排斥异学。为消解官职取决于门第的陈规陋习，1792 年施行科考，叫“学问吟味”。有一位大田南亩，好学善文章，欣然赴考，作诗说“昭代文华藻翰扬，试场迎我坐中堂。儵然落笔扫千纸，观者一时如堵墙”，看来是不设棘围的，却名落孙山后。原因可能是他指出考题把伍子胥的伍误为吴，惹恼了考官。1794 年，大田四十六岁，又参加在孔庙举行的第二次科考（此后每三年举行一次），考生二十三人，第一天考《论语》《小学》，第二天考《诗经》《史记》《左传》。这次他得了分组第一名，获银币十枚，日后由警卫步卒升为文职小吏，改变了人生。这是我大清乾隆末年的事了。

《明实录》记载，日本人“已蒙重赏，辗转不行，待以礼而不知恤，加以恩而不知感，惟肆贪饕，略无忌惮”。滞留北京五个月，终于在景泰五年（1454）二月廿八日上午踏上归途。

行前，笑云游兴隆寺，独芳和尚拿起烧饼，问：日本有么？笑云答：有。又拿起枣子问：日本有么？答：有。独芳和尚说：来这里为什么？答：老和尚万福。独芳笑了，赐笑云一卷自注《心经》。

武士家计账与张大点日记

日本跟别处不一样，据说在这个世界上他们是独一无二的，譬如当今不景气，大家的通货都闹腾膨胀，唯独小日本，通货紧缩，国民（我们叫人民）攥紧钱包不花钱。拿出版来说，似乎比照纪念碑，我们泱泱大国的书越做越大，不像是给人读的，只宜于壮观书架，可他们经济越不济，“新书”就越好卖，原因无他，唯其价廉也。近几年日本的书价持续下跌，2009 年平均为一千一百多日元，而“新书”通常一册才六七百。顺便提一句，大本毕业就职起薪平均为日元二十万零几千，高中毕业不到十七万。

新出版发行的书，日本叫“新刊”，所谓“新书”，指一种小开本，不求装帧亮眼，仿佛提醒人们知识是朴素的，便于携带阅读，书店里摆售也不占地方。譬如《国家的品格》《傻瓜的围墙》《烦恼的力量》从形态到内容都属于“新书”。这种书为一般读者而写，内容应时而易懂，也称作“教养新书”，读了就可以到酒桌上高谈阔论。作者大都是学者，他们有两手，写阳春白雪的专著以立万兮，写下里巴人的“新书”而捞钱。一犬吠形，百犬吠声，一本书畅销，题名类似、封面雷同的书便蜂拥而起，这品格，那力量，墙里墙外一片红。经济不景气，厂商不再疯狂打广告，杂志无以为生，一些编辑和作者转业做“新书”，使内容更近乎杂志，很有点前卫。应时则易朽，而且凡事多则滥，搞笑的、扯淡的“新书”也纷纷出笼。《傻瓜的围墙》是口述笔记，不无浅薄之嫌。作者认为人之间根本不可能互相理解，彼此把不能理解的对方当傻瓜，但也有人批他，说那不过是作者本人的“傻壁”，谁读谁傻。如同人流发生了踩踏，谁呼救也止不住，此书卖出四百多万册，“新书”出版史夺冠。

有一本“新书”，叫《武士的家计账》，内容坚实。作者叫矶田道史，专攻日本近世史、日本社会经济史。旧书店营销手段之一是寄送目录，某日又寄到他家。漫不经心地翻检，蓦地发现：猪山家文书，十六万日元。十年来矶田一直在寻寻觅觅武士的家计簿，以了解江户时代武士怎样过日子。说来日本人过日子好像有记账的习惯，譬如卖杂志附送赠品，起初就是送家庭账簿，而今越来越豪华，饶上名牌袋子什么的了，简直闹不清谁白搭谁。矶田当然管不了这些，急忙从银行取了钱，乘车直奔旧书店，在满满一纸箱的墨笔文书中发现家计簿，更叫他惊喜这个流水账从江户末记到明治初，长达三十六年，收入、购物、借债，甚至买一个馒头也记录在案。猪山家是加贺藩的下级武士，武士人家要撑持门面，礼尚往来，支出常大于收入，日积月累，债台高筑，濒临破产。第二代当家痛下决心，变卖书籍（从中国进口的四书五经，价钱不菲）、衣物、茶具书画等还债，并节俭度日，开始一笔笔记账。猪山家代代从事会计工作，自家的账也记得好。江户时代武士是领导阶级，武士的本分是学问（《论语》之类）与剑道，打算盘不过是小技，甚至被叫作算盘傻瓜，然而被美国炮舰敲开了国门，转向近代化，炮兵、海军先就需要“算术”头脑了。

近年来日本勃兴江户时代热，但关于江户的生活少有实据，而借助这一堆家计账，足以鲜活地复原一个武士家庭以时代为背景的日常生活，颠覆了以往对江户时代的一些共识。2010年下半年有五部以江户时代为题材的电影上映，其中《武士的家计账》就是据矶田道史的“新书”改编的。没有刀光剑影，猪山家的男人腰间也插两把刀，不过是表明武士的身份罢了，他们“不用刀，用算盘守护家庭”。不是小说或漫画（漫画销售量连年下跌，据说原因之一是漫画改编电影减少了，东风不与周郎便），而是拿“新书”编故事，搬上银幕，是一大发明。这是个勤俭到极致的持家故事。经济不景气，企业压抑工资，人们收入少，更不去消费，景气就只有恶化一途，这是个合成谬误。恐怕日本人看了这部影片，只会把钱包攥得更紧，直攥出水来。

《挪威的森林》也前后脚上映，不消说，此片是根据村上春树的小说改编的。村上笔下的人物是要喝一游泳池啤酒的，属于高消费，可这个电影里的男人是一个穷大学生，几个女人都莫名其妙地主动献身，不花钱也办事，只怕人们看了也激不起消费的欲望。小说改编电影，对于原作是一个批评，表明那个小说还可以这么写，可以有另一种读法。村上看了电影，说：啊哈，我以男人第一人称写，却原来讲的是女人的故事。

忽而想起清末一闲人，叫王大点，在北京城里当差，也就是上班族，成天到处看热闹，而且爱动笔，好像也知道上帝住在细节里，每天把所见所闻记下来。他要是有幸活在今天的网络时代，无疑点击率超高。这是从《大历史的边角料》一书中读到的，那日记并不曾看过。作者张鸣写道：“王大点这样没心没肺的看客，是导致鲁迅从医生变成文学家的刺激源，让人看了可气可恨又可笑，但他也留下了很多有意思的东西，只要我们的国人一天没有从义和团的心态中走出来，王大点就总站在那里，向人们做着鬼脸。”倘若把这个王大点日记编排成影视，一定很有趣，足以活现一个时代，人物的生动不亚于阿Q也说不定。

黄祸事始

黄祸，早年就知道这个词。觉得说的是中国，却不知其所以然，中国不是落后挨打的么，何祸之有？后来又得知，乃是说蒙古铁骑，试想把欧洲践踏得不成样子，信以为然。在日本又撞着这两个汉字，说是说日本人，若联想珍珠港事件，非祸而何。从网上查阅，日本的解释有这样的：黄祸论是19世纪中叶至20世纪前半在美国、德国、加拿大、澳大利亚等白人国家出现的蔑视黄种人的观点，是人种歧视；近代黄祸论的矛头主要指向日本及中国，而日清战争后，三国干涉、1922年华盛顿会议以及美国排日移民法等，尤其针对日本。而中国有这样的解释：黄祸尤其是对中国偏见的一个用语。好像在争当“祸首”，那么，黄祸的来龙去脉究竟怎样呢？忽而有志于学，找来了一本《黄祸物语》，著者是专攻政治思想史的桥川文三（1922—1983）。此书是日本第一本有关黄祸的专著，1976年出版。

黄祸，欧美有多种说法，日本直译为“黄祸”、“黄患”，用桥川的话说，“表现了白色人种对黄色人种的恐怖、厌恶、不信、蔑视的感情，是属于人种偏见、人种歧视范畴的现象”。他首先写了一章《黄祸论前史》，“似乎可以说，黄祸论是人类社会所传承、形成的各种歧视人的心理复合体之中花费最长历史制造的庞大‘神话’。西欧黄祸论诸说岂止起源于13世纪（蒙古入侵），通常上溯到公元前4至5世纪（匈奴人进攻）的历史经验，更极端的，甚而从公元前10世纪以前探究。那就是主张，有史以前，人类产生之时黄白人种就命运注定要互相斗争”。近代率先散布黄祸论的，1905年中国人谷音在《辩黄祸之说》中指出是Bakunin（1814—1876）。此人从流放地西伯利亚脱逃，经日本回到欧洲，扬言日本一心学西欧文明，不出几十年毕业，与地大物博、人口众多的中国联合，黄色蛮族将如潮泛滥，倾欧洲之兵也难以抵挡。最广为人知的黄祸论者是德皇威廉二世（1859—1941），他信奉白色人种优越论，据说曾一举买下几千本H. Chamberlain（1855—1927）所著《19世纪的基础》，那是鼓吹人种歧视的经典。甲午战争以中国彻底失败而告终，1895年4月17日李鸿章签下《马关条约》，割地赔款。当年7月10日威廉二世写信给俄皇尼古拉二世（1868—1918），他妈是尼古拉老婆的姑妈，鼓动俄国转向亚洲，还动之以图：“我把它（黄祸）画在纸上。和一个一流画家一起画出这个底稿，做成版画，广为散布。上面画的是欧洲各国的形象被天使米迦勒号召，抵抗佛教和野蛮的入侵，守护十字架。”

1904 年日本与俄国开战，打了一年半，小日本打败北极熊，黄种人打败白种人，这下子黄祸论甚嚣尘上。桥川文三悬想，若没有这场胜利，或许黄祸论不过是欧美的一个专门性、技术性用语，至少不会通过媒体扩散到民众之间。他们本来正抱怨自己的生活，于是迁怒于身边的移民，起哄排外。对于黄祸论，日本人群起反驳，例如文学家森鸥外，1903 年两次演讲《人种哲学梗概》和《黄祸论梗概》（以致有梗概博士之称）：所谓流行，不限于人的发型、服装，学问艺术上也有所谓流行。当然，若是学问或艺术，不能把某种流派、某种倾向的真正隆盛叫流行。这里所说的流行是还没被特别承认的，近来欧洲流传的人种哲学也属于此类。但是如作家安冈章太郎所言，鸥外越讲越含糊其辞，因为日本人心底对欧美有一种劣等感。相比之下，冈仓天心底气更足些，他在写给欧美人看的《茶书》等著作中反唇相讥“白祸”。福泽谕吉就有点卑劣，他总是撇清日本，把所谓黄祸的屎盆子扣到中国、朝鲜的头上。更有人暗自高兴，日本已成为令人害怕的强国，并借此黄祸论把日本的侵略战争描绘成黄白人种之战，叫嚣侵略邻国是为了解放亚洲。

黄祸论的矛头所向是日本和中国，而二次大战后主要指向中国，中苏论战时苏联也挥舞过这根大棒，《黄祸物语》对此缕述甚详。欧美人说过，“中国要是有拿破仑，一定会统治世界”，可问题正在于拿破仑是欧洲才有的，他们把自己心中的魔影投在了中国人身上。黄祸的“祸首”随时代环境及社会条件的演变而变化。上世纪70年代日本猛然变成了经济大国，被人追赶的不安，走衰的预感，使日本黄祸论在欧美骚然再兴。此论难以根除，今夕何夕，不知口水又将唾向谁边。

桥川文三参考的《何谓黄祸论》一书是德国近现代史家 Heinz Gollwitzer 撰写的，1999年出版日译本。序章论述黄祸是怎样产生的，而后是一国一章，从1870年到第一次世界大战，引用当时的言论和书籍，多方面考察英美俄法德的黄祸论。

2007年有日本人翻印黄祸论英语文献，第一期为《英国黄祸论小说集成》七卷。据说英国作家 Shiel. M. P. 于1898年出版的小说 *The Yellow Danger* 是英国黄祸论小说的祖型，桥川文三在书中略略述及这个“大传奇小说”：主人公燕贺是中日混血儿。某日，中国突然宣布把版图瓜分给欧洲各国，结果它们互争权益，冲突起来。燕贺取代李鸿章，与日本结盟，乘机大举进攻欧洲。俾斯麦叛变，黄祸论的元凶威廉二世亡命英国。下文如何，桥川没读完，想来是英国出了个大英雄，拯救欧洲。但回顾历史，上下两千年，中日这两个民族从不曾联手，但好窝里斗，何须白种忧天倾。

春帆楼

十年前，时逢《马关条约》签订一百年，忽生怀古之心，从东京直奔下关（旧俗称马关），却未得入住春帆楼。岁月荏苒，依然有心怀古，这次提早预约，如愿一泊春帆楼。《马关条约》就是在这楼里签订的。

春帆楼是日本式旅馆，只有几个房间。虽然又到了吃河豚时节，但新年刚过，旅客寥寥，我住的是“环之间”。此间在三楼北端，是套房：一洋式，有床有桌椅；一和式，铺满草垫子。和式用餐，洋式就寝，各享其用。和式房间朝东，一壁明窗，竹帘半掩。倚墙立一木板，上书“皇太子殿下御座所”，原来昭和天皇当太子时曾下榻于此，当今皇上即位之前也住过。天皇则临幸最上层，叫“帝之间”。悄悄上去看，此层（四楼）只有一个大房间，像会议室或者宴会厅，空空荡荡。

啜茶小憩，但墙上的挂轴却不容我喘息，仿佛“愿宾摅怀旧之蓄念，发思古之幽情”。那是梁启超的墨迹：“明知此是伤心地，亦到维舟首重回。十七年中多少事，春帆楼下晚涛哀。”戊戌变法不成，梁启超亡命日本，1911 年出访台湾，途经下关，写下这首诗。恰好十年前的 1901 年，李鸿章与十一国签订《辛丑和约》，两个月之后吐血而死，又过了不到两个月，曾嘱人刺杀他的梁启超却为他立传，说：“凡人生于一社会之中，每为其社会数千年之思想、习俗、义理所困，而不能自拔。李鸿章不生于欧洲而生于中国，不生于今日而生于数十年以前，先彼而生、并彼而生者，曾无一能造时势之英雄，以导之翼之，然则其时其地所孕育之人物止于如是，固不能为李鸿章一人咎也。而况乎其所遭遇，又并其所志而不能尽行哉。故吾曰：敬李之才，惜李之识，而悲李之遇也。”旅馆说明上“伤心地”被译作感伤的心情，大概译者把诗句误断为“心地”。这个“地”却至为关键，没有这个地就没有这首诗。没有这个地，我也不会百年过后来此凭吊而悲之。临窗观望，眼下有一片灰瓦，屋脊横陈，多少遮挡了远山近海的景色，好似电视屏幕上施加障眼法，这就是日清讲和纪念馆。

以前读过一本书：《春帆楼下晚涛急》，商务印书馆出版，作者是台湾学者。卷首有一帧彩图，作者以为足以增加读者之历史感，但其实，那图上并非春帆楼，而是日清讲和纪念馆，建于1935年。更早读过台湾印行的《中国出卖台湾》，也是把日清讲和纪念馆当作春帆楼。春帆楼也早已不是梁启超过马关时的春帆楼，1945年原楼毁于战火，劫后重建，颇有点巍峨。二楼有一个大房间，名为“讲和之间”。各房间都装饰了“汉墨”（汉文墨书），帝之间是李鸿章手迹。

三楼走廊悬挂着郭沫若的诗，写在一尺见方的色纸上，也是七言绝句：“六十年间天地改，朝来独上春帆楼。海山云雾犹深锁，泯却无边恩与仇。”此诗收在《骆驼集》中，但改为：“六十年间天地改，红旗插上春帆楼。晨辉一片殷勤意，泯却无边恩与仇。”这一改，红旗飘飘，便有了政治口号的气势，大概是旅馆插上五星红旗迎接他光临罢。诗下明记“乙未冬”，为公元1955年，距光绪二十一年（1895）李鸿章在春帆楼与伊藤博文谈判，割地赔款，正好六十年。纪念馆里有李鸿章同治十一年（1872）秋七月书写的四个大字“海岳烟霞”，就是这一年，他在信函中写道：日本“上下一心，皈依西土，机器、枪炮、战舰、铁路，事事取法英美，后必为中国肘掣之患。积弱至此，而强邻日逼，我将何术以处之”。历史不幸被他言中，让他抱屈：“无端发生中日交涉，至一生事业，扫地无余。”

郭诗似乎改与不改也只是平平。鲁迅有云：度尽劫波兄弟在，相逢一笑泯恩仇。小说家言：冤冤相报何时了。此类说法颇有些禅味，但是把文化弄得禅味十足的日本人反倒不追求这个境界。历史故事“忠臣藏”教给他们的是复仇。福泽谕吉看见西洋人欺负东洋人，想：有朝一日我帝国日本也要有几千条军舰，耀武扬威，把西洋人打翻在地，待之如奴隶。被唐朝大军在海上打得落花流水，卧薪尝胆一千年，终于用一场甲午战争报了仇。以德报怨，蒋介石应该最知道此话的冷暖。深锁也罢，一片也罢，人的恩仇是云雾或晨辉所不能泯却的，况乃无边。除非像毛泽东说的，一截遗欧，一截赠美，一截还东国，统统给了人家，世界才太平；至于中国人的凉热，不须放屁。

春帆楼院墙外竖有一个路标，曰“李鸿章道”。李鸿章被任命为大清帝国钦差头等全权大臣，三月十四日从天津乘船，风波浩渺，十九日抵达下关，驻节引接寺，往返春帆楼谈判。二十四日遭人行刺，弹中左目下，险些丧命。列强环视，日本急于签下这个约，一下子富国，只好对李鸿章关怀备至，改走山崖小路。日后好事之徒把这条长仅五百多步的山路叫作李鸿章道。参观日清讲和纪念馆，漫步李鸿章道，历史里程碑抑或民族耻辱柱，中国人日本人各有所思。以史为鉴，要鉴些什么，终归政治家说了算。但笑骂历史，有如打死老虎，徒快其舌而已。

春帆楼偎山临海，海是关门海峡，正当濑户内海的西口。峡隘流急，每天有六七百艘船舶通过。这边是下关，对岸是门司，渡船、隧道、大桥把日本两大岛——本州岛和九州岛连在了一起。从门司眺望，春帆楼坐落在一座小山冈的东麓，黄瓦浮现绿林中，与红色的赤间神宫相映。下关距朝鲜半岛甚近，自古是通向大陆的门户，所以春帆楼一带叫唐户。1894年8月对清宣战，伊藤博文提议把大本营设在下关，但明治天皇决定了广岛。唐户有鱼市，小摊床挤挤插插，叫卖河豚。下关是河豚渔获第一港。往昔吃河豚毒死人，政府严令禁食。1888年伊藤来春帆楼作乐，时因风暴渔夫不能出海，食无鱼，他大为不悦。主人拼死给做了河豚生鱼片，他惊讶从来没吃过这等美味。得知是河豚，这位日本第一任总理大臣当即命县令废除了禁食条款，春帆楼就成了许可料理河豚佳肴第一家。七年后他又来春帆楼，向大清讹钱诈地，据说，也请李鸿章吃了一顿河豚。

汽笛声蓦地响起，悚然一惊。梁启超写道："当戎马压境之际，为忍气吞声之言，旁观尤为酸心，况鸿章身历其境者。"怀古似不可无诗，曰：

太阳旗上红依旧，看海春来独倚楼。
渡尽风波伤脸面，凄然一笑泯恩仇。

复仇

在日本没大听过报恩的传说，虽然那本写日本人日本文化的名著《菊与刀》把情义写得娓娓动听。民间故事里倒是有一只报恩鹤，然而人不守信用，它伤心离去。常听说的是复仇。历史上有三大复仇，其中元禄赤穗事件尤为出名，今天也活在男女老少的心里。

元禄是年号，事件发生在元禄十五年，即公元 1703 年。赤穗是一个小藩（诸侯国），产盐，在今兵库县境内。藩主叫浅野长矩，官职为内匠头，不知何故对吉良义央（官职为上野介）怀恨，在幕府大内相遇，竟好似精神病发作，拔刀砍了他两刀。正当答谢天皇的敕使和太上皇的院使之日，尊崇皇室的第五代将军德川纲吉怒不可遏，严令浅野即日切肚皮，并断绝世袭，没收领地。这下子赤穗藩武士就都得变成丧家犬。大石良雄是家宰，“万山不重君恩重，一发不轻我命轻”，连他在内纠集四十七人，月明星稀的拂晓冲进吉良宅邸，砍翻十几人，杀死吉良，用长枪挑着头颅到浅野墓前祭奠，然后自首待罪。这个事件到底算义举，为主子尽忠，还是枉法作乱，从幕府到学界议论纷纷，令德川将军左右为难。

若翻阅中国史，案例不难找，唐代就有个徐庆元，乃父被冤杀，他杀了县吏后投案。那位“念天地之悠悠，独怆然而涕下”的陈子昂对此案是这样主张的：绳之以法，也以此成全他杀身成仁，然后再大加表彰，立一个子报父仇的楷模。复仇伦理在中国是早就发达的，7 世纪日本拿来中国法律，却不曾容许复仇。自 12 世纪末叶武士当道，引进复仇观，崇尚复仇，盛行复仇。推行文治的德川纲吉向一位皇亲讨教，得到的答复是：为亡君复仇是难以效仿的忠义，但赦免他们，倘若晚年有哪个人堕落，岂不有损于此次义举，不如现在让他们一死，佳话将流传后世，有时候赐死不也是仁慈吗？于是，德川纲吉断然令大石等人切腹自裁。果不其然，街谈巷议更鼎沸，大加美化地搬上舞台，“忠臣藏”戏至今不衰。赤穗有三百多武士，铤而走险的充其量才四十余人，“忠臣”装不满一仓库。

《儿女英雄传》中有话：报仇这桩事，是光明磊落见得天地鬼神的事，何须这等狗盗鸡鸣，遮遮掩掩。确实，要说杀人的理由，再没有比复仇更正大光明的了，以身试法也值得同情。人生在世，也就是恩仇二字，但报恩不易，复仇更难，那往往要杀人，以至复仇就成了武士小说的擅场，让读者在字里行间杀他个痛快。读中国武侠小说，作者都绞尽脑汁给大侠找出复仇的理由，而且不停留于私仇的层次，要上升为国仇民族仇。日本人复仇不问是非。19世纪中叶，富山藩重臣山田胜摩被藩士砍杀，他的两个儿子知道错在父亲，没提出复仇。藩府却认为，即使父亲没有理，当儿子的不复仇也太不像话，把他们驱逐出境。藤泽周平有一个小说叫《又藏之火》，他本人认为比他获得直木文学奖的《暗杀的年轮》写得好。取材于历史事件，写又藏的胞兄万次郎行为不轨，夺刀拒捕，被亲戚丑藏砍杀。对复仇的执著是武家子弟的脸面和气节，又藏怀着一股无明火，截住丑藏决斗。丑藏杀其兄虽非本意，但尊重复仇的游戏规则，毫不辩解地应战，成人之美。双方都被称作义士，事件发生地竖立着他们的塑像。我们只是把卧薪尝胆当作故事听，拿来作作诗，而日本人融化在血液中，落实在行动上。复仇之多，哪个国家也比不上日本，甚而自杀也被用作复仇的手段。所谓以德报怨，在他们看来是有仇不报，予以轻蔑也说不定。

中国是文人社会，手无缚鸡之力岂敢扬言复仇，就只有张扬感恩报恩。一旦结下冤仇，也爱拿化解说事，“相逢一笑泯恩仇”（鲁迅诗句），“泯却无边恩与仇”（郭沫若诗句）。日本人的字典里似没有化解二字，日本武士小说也少见冤冤相报何时了、冤家宜解不宜结之类的感叹。五味康佑获得芥川文学奖的短篇小说《丧神》，写父亲比武被杀，儿子哲郎太长大后寻仇，仇家幻云斋收留他，教他武功，八年后学成下山——

“幻云斋倚杖道：‘一路小心。’

哲郎太点头‘啊’了一声，以此作别。跟阿雪也交换了一下眼色，向幻云斋一揖，转身迈步。幻云斋杖头的刀光冲他背后一闪。

啊，阿雪倒吸了一口气。喷血的是幻云斋。哲郎太拎着滴血的大刀，晃晃荡荡下山而去。”

作者自道此作是要写幻云斋自杀，可谓别出心裁，但幻云斋之所以选择这样的自杀方式，不正是因为他清楚仇恨绝不会在哲郎太心中冰释，非杀他不可吗？

汉初成书的《公羊传》诠释《春秋》大义，倡导复仇，哪怕百世仇也要复。以史为鉴，日军援助百济，被大唐打个落花流水，从此日本人前赴后继地遣人留学，卧薪尝胆，千年之后打一场甲午战争，在那片海上复了仇。汉代对复仇已有所规制，父若有罪，子就不可以复仇。1873 年明治新政府发布《复仇禁止令》：杀人是国家的大禁，处罚杀人者是政府的公权。自古以来子弟有义务为父兄复仇，这是古习。至情可感，但毕竟是泄私愤，破大禁，以私仪犯公权，固不免擅杀之罪。

美国人占领之初，担心日本人复仇，好一阵子禁止各种样式的“忠臣藏”。时至今日，好像美国人已放下心来，却只怕两弹之仇在日本人心中是不易化解的，迟早必复。他们送给美国佬一个西施，名字叫“和平”。当年毛泽东会见田中角荣，赠《楚辞集注》，莫不是寓意楚虽三户，亡秦必楚？

天狗的中日友好

关于天狗，小时候听说过天狗吃月亮的故事，还有二郎神带一条狗是天狗。大了以后读郭沫若的诗，他歌唱天狗。再后来东渡日本，到处有天狗，便寻思，郭沫若是在日本写的天狗，那天狗应该是日本狗罢。

陈寅恪批注《旧唐书》，有这样一条："天狗，日本所传，当由唐代输入。"什么东西传到了日本都会被改造，天狗也伸长了鼻子，趿拉上木屐，而且是当中一个齿。孙悟空跟二郎神比试，变成一堆屎，被天狗吃了，可见中国的天狗还是狗，虽然本领大到吞月亮，却改不了吃屎。日本的天狗不再是狗，藤泽周平在小说中写到三个村民看见"天狗冲开月光下发亮的芒草疾奔"——

"天狗从东方来，横越道路，飞入西方原野，眼看着越来越小消逝了。横越道路时看了看登时吓得木然不动的三人。嘴角裂到耳朵，眼睛火红，从路上向西方原野飞起时，一个人确实看见它腋下扇动了翅膀。

还有一天早上，穿过原野的道路近旁，天狗吃剩下的野狗散乱着几副惨烈的骨架；又有一个晚上，月亮落下去的黑暗中突然燃起熊熊火焰，光亮中站着巨大的天狗。"

这不正是郭沫若高歌的天狗么："我飞奔，我狂叫，我燃烧。"当年打败了俄国北极熊的日本不就猖狂得"我是一条天狗呀！我把月来吞了，我把日来吞了，我把一切的星球来吞了，我把全宇宙来吞了"么？

在东京街头只能看见面具似的天狗，挂在酒馆门口，狗脸红红的，确然像"我的我要爆了！"天高云淡，去高尾山赏红叶，先在站台上看见最现代的天狗形象，花岗岩雕凿的，重十八吨，鼻长一点二米，一副凶神恶煞的尊容。山上药王院里有好些天狗，模样各异，可见日本关于天狗的传说很纷纭。

京都曼殊院藏有两卷14世纪的古画《是害房绘卷》，被列为重要文化财产。这个是害房是大唐的天狗头领，渡海来到比睿山，变作老法师，找天台座主慈惠大僧正斗法，结果被捆住打个半死。想要洗温泉疗伤，日本天狗说，温泉是灵地，去了更遭殃。一群日本天狗就做了澡盆，烧水帮是害房浴疗，然后举行歌会，送它回老家。画上的天狗是人身，从头到尾很像鹰。这一则中日友好的佳话出自大约12世纪前半成书的《今昔物语集》第二十二卷《震旦智罗永寿渡此朝语》。芥川龙之介的小说《地狱变》写一个技艺高超的画师，狂妄而冷酷，人送绰号叫“智罗永寿”，就是这中国天狗的名字。

日本传说中有两种怪物，河童与天狗，河童的屁是无聊的，天狗挺着一根炮筒似的鼻子，傲慢无礼——“我便是我呀!”

黄遵宪与小泉八云

炳月兄：

大札收悉。

两京通信，我本来是附骥尾，如果你以为已该告一段落，那咱们就戛然而止。居然还有人乐于搞垮它，这倒是我不曾想象的，那就更应该成人之美，赶紧把骨头丢将过去。我可绝然没有鲁迅那种活得偏让一些人不舒服的胆气。为人处世，我常自觉很丑陋，自然也就宽恕别人。

让我谈谈“日本观”，这可是个难题。旅日十余载，虽阅历日深，闻见日拓，但日本观犹未形成。光绪十六年（1890）黄遵宪自序《日本杂事诗》，有云：“论者或谓日本外强中干，张脉偾兴，如郑之泗；又或谓以小生巨，遂霸天下，如宋之旃，纷纭无定论。”时至今日，我们的日本观不还是这些么？当然也无须定论。我是不守居国不非大夫之义的，二三子相聚，必品评日本，指手画脚，随时随处从事着“比较研究”，却无非“鼓掌谈瀛，虚无缥缈”。当年下机（飞机）伊始，也说过大话，什么百十年前杂事咏而今待我写新篇之类，然而，年已蹉跎，终无所成。就日本观来说，不仅素养和识见难望黄遵宪的项背，只怕框框也未必比他少，现代的，后现代的。

黄遵宪生于1848年4月27日。年将三十，随清政府首任驻日公使何如璋东渡，参赞五年。来日本第二年，“稍稍习其文，读其书，与士大夫交游，遂发凡起例，创为《日本国志》一书”。提及黄遵宪，我总要联想到小泉八云。1882年黄遵宪调任美国旧金山总领事，八年之后的1890年，小泉八云在横滨上陆，时年三十九。一东一西，前后脚来到日本，观察的异同令人饶感兴味。据说，关于战后该如何处置天皇，军事秘书费拉兹向麦克阿瑟元帅提出报告，日本的神不等于基督教的上帝，这个知识他是从小泉八云的书中读来的。

比黄遵宪晚两年，1850年6月27日小泉八云出生在希腊的莱夫卡斯岛，本名 Lafcadio Hearn。父亲是爱尔兰人，当时作为英国军队的医生驻扎希腊。母亲是希腊人，可能也混有阿拉伯血统，所以小泉八云说“自己身上也流着东方的血，接触日本的文化、艺术、传统、风俗习惯等，都能用肌肤感受”。母亲与言语不通的夫家不和，在他四岁时离开都柏林。小泉八云由姑母抚养。十六岁时姑母破产，他只好退学。几乎身无分文的小泉八云到美国寻求新天地。1890 年当特派员来日本，原定两个月，却从此不再离去。最初在岛根县松江中学教英语，当地报纸赞扬他：逗留我国的西洋人动辄固守本国风习，视我国事物为野蛮、未开化，恶言恶语，但 Hearn 氏与之相反，赞赏日本的风俗人情，而且经常穿日本服装，吃日本食物，似有日本癖。这位 Hearn 不久就娶了当地士族的女儿，归化日本，更名为小泉八云。黄遵宪“披览我载籍，咨询我故老，采风问俗，搜求逸事”（日人源桂阁语），接触的层面主要是“士大夫”，即文人、官吏，而且“多旧学家”。小泉八云如哲学家鹤见俊辅所言，他觉得好的日本人，不是在思想史或政治史上留名的特别的人，而是普普通通的松江镇上的人。

小泉八云怀疑近代文明，对基督教持有近乎偏见的反感，要逃离西洋。作为漂泊者，在日本发现了一片乐土，找到归宿。他过分立足于感情和印象，并不是一个客观的、公正的观察者，其价值与其说是思想的，不如说是自我表现的。周作人说：“西洋人看东洋总是有点浪漫的，他们的诋毁与赞叹都不甚可靠，这仿佛是对于一种热带植物的失望与满意，没有什么清白的理解，有名如小泉八云也还不免有点如此。”小泉八云笔下是“神秘的东洋”，在一定程度上反而阻碍了世界对日本文化的确切理解。黄遵宪考察日本，目的很明确，那就是“千秋鉴借吾妻镜”。他说：“《山海经》已述倭国事，而历代史志，于舆地风土，十不真一。专书惟有《筹海图志》，然所述萨摩事，亦影响耳。唐人以下，送日本僧诗至多，曾不及风俗。士大夫足迹不至其地，至者又不读其书，谬悠无足怪。日本与我仅隔一衣带水，彼述我事，积屋充栋，而我所记载彼，第以供一噱，余甚惜之。今从大使后，择其大要，草《日本志》，成四十卷。余虽不文，然考于书，徵于士大夫，误则又改，故非向壁揣摸之谭也。第不通方言，终虑多谬。”黄遵宪和小泉八云闻见的日本正处于新旧势力消长的时代，“百度草创，规模尚未大定”。小泉八云偏爱的是古旧的、风土的日本，并不赏识日益西方化的日本。黄遵宪考证旧日本，发现新日本，是要把成功的经验介绍到中国去。

两人都用心于民俗，黄遵宪重视民俗乃源于中国古来的采风传统。《魏书·倭人传》中已经有日本民俗的记述，但要说研究，无疑肇始于黄遵宪。周作人评价《日本国志》：“若其最有特色，前无古人者，当推学术、礼俗二志。有见识、有风趣，盖惟思想家与诗人合并，乃能有此耳。”黄遵宪的《日本杂事诗》是问俗采风的艺术结晶。小泉八云也是诗人，自幼喜好谈鬼，对于超自然现象感兴趣，翻译过中国的鬼怪故事。他相信幽灵的存在，认为梦境的恐怖是具有恐怖能力的生物远在人类出现以前所接受的痛苦与恐怖的记忆。他听妻子和友人讲述民间传说，浏览《雨夜物语》《夜窗鬼谈》《日本灵异记》之类的通俗读物，藉以营造一个圆他自己的梦的奇异日本。

日本人的微笑让小泉八云感受到“古老日本的文明在物质方面是落后的，唯独道德远远比西方文明先进”。大概这就是黄遵宪说的“日本立国两千余年，风俗温良，政教纯美，嘉言懿行不绝书于史。吾以为执万国之史以相比较，未必其遂逊于人”。赫伯特·斯宾塞的进化论对小泉八云有影响。戊戌变法失败后严复摘译斯宾塞的书，即《群学肄言》，时当黄遵宪晚年。黄遵宪卒于1905年2月23日，而小泉八云在前一年的9月26日去世。

黄遵宪仰天长叹：“嗟夫！中国士大夫，闻见狭陋，于外事向不措意。今既闻之矣，既见之矣，犹复缘饰古义，足己自封。”我有时也不禁想嗟夫一声，好像如今的“中国士大夫”对待日本仍怀有足己自封的心态，只是在缘饰上多了些大义。

你说“许多价值往往不过是人类的一种假设”，心有戚戚焉。书已译毕否？赶译，最是费力不讨好。漠然想起以前写过一首打油诗，录呈，就此拜个早年。

两三点雨谁先沾，此地楼高应近天。

译笔迟迟懒查问，百思一语胜参禅。

李长声

2000年2月3日

黑船与虎门炮台

时当深秋，和几位朋友驱车去伊豆半岛游玩，途经下田，特意停车拍了几张“黑船”的照片。之所以特意，是因为日前在东京刚看过两个展览：《葡萄牙——荣光的五百年》《日本交流的曙光——黑船来航》。

点燃一支香烟，烟雾缭绕，照片上的黑船就恍若航行在1853年7月8日拂晓。海雾蒙蒙，驶入江户湾，直抵江户（今东京）的鼻尖浦贺。出海打鱼的渔民仓皇报告给官府。其实，去年秋天幕府就得到情报，明年3月美国使节率舰队叩关。情报来源之一是“荷兰风说”，就是向长崎的荷兰商馆和船长打探国际动态。名为“风说”，不免将信将疑，正要放下心来，两艘蒸汽机船和两只帆船真的“来航”了。船腹涂得黢黑，所以俗称黑船。大如山，快如飞，咚咚放号炮，直吓得百姓赶紧卷铺盖。这就是美国东印度舰队司令彼理率领的日本远征舰队，5 月 26 日从冲绳的那霸开过来。

此时手握国柄的幕府将军德川家庆卧病在床，由五位阁老料理国务，处事柔软的阿部正弘为首辅。幕府召水户藩主德川齐昭出山，他是主战派首领。就接受国书一事，主战派和主和派僵持不下。警备船跑来跑去，不是取缔黑船，而是驱赶日本武士——眼看着黑船的小艇自由自在地游弋，趾高气扬，他们已忍无可忍。主战派不把“蛮夷”放在眼里，对海防信心十足。据日本记录，美国人送给日本两面白旗，发出最后通牒：开战后如有急事，竖起白旗，就停止炮击。黑船在湾内威慑，幕府看看自己的几门大炮，不敢动武。阿部正弘作出决断：作为特例（下不为例），接受国书，但必须在长崎交付（否则，城下之盟，丢尽了面子）。黑船之前也来过美国船、英国船，都被日本人给说走了，可彼理这家伙耀武扬威，不像是省油的灯，不同意怎么办？德川齐昭出一奇招：来一个鸿门宴，彼理不接受就把他逮起来。孰料，彼理在久里滨上陆——如今那里竖立着彼理上陆纪念碑——带了四百名陆战兵，完全是大军压境的架势。在临时小房里，日本代表接过美国总统的信函，只说了一句“收下了，尔等返航罢”。鸿门宴落空，连一顿酒饭都不管，彼理大为不满，叫战舰喷烟扬波，示了一通威。幕府也做了迎战准备，但武士过惯了太平日子，只是让刀枪铠甲店大发国难财。

彼理扬长而去，幕府赶紧加强军备，德川齐昭还起草了一篇慷慨激昂的《决战大号令案》。新年（1854）伊始，彼理又闯入江户湾，带来了七艘战舰。这回百姓像赶庙会一样涌来，商贩卖起了彼理和黑船的浮世绘，渔船改作游览船，往来如梭，据说这就是日本人所独具的好奇心，颇有点不知“耻”。阿部正弘不顾攘夷派叫嚣，在不足百户的渔村横滨摆下谈判桌，缔结《日美和亲条约》，开放下田、箱馆二港。此后，英国、俄国接踵而来。1856 年 8 月哈里斯作为美国首任驻日总领事来到下田，这时他才知道日本还有一个“天皇”。幕府之所以不开放离京都不远的神户港，可能怕天皇和朝臣一下子见亮光发晕。领悟了落后挨打，幕府要加强海防，命江户百姓捐钱，并布告全国，毁钟铸炮（因和尚反对，未果），购置军舰，采用洋式大炮，进行洋式训练。再后来就有了战争之举，我大清一败涂地。

最近上市了一本书，叫《国民历史》，颇有些人在读。书中谈及的疑问之一是，郑和下西洋比哥伦布航海早八十年，郑和的宝船长一百二十米，几乎比哥伦布的洋船长出四倍，可是，优越的中国在鸦片战争中呼啦啦倒地，竟至缔结屈辱的《南京条约》，割让香港，为什么？中国到底为什么如此脆弱？欧洲为什么能够在地球上展开那么残酷而冷酷的方式？

所谓“近代世界体系”的秘密究竟是什么？作者西尾干二自问自答：通过册封体制，东亚以中国为中心形成“华夷秩序”，只要中国王朝安定，东亚地区的和平就得以维持。可是，不管危险怎样临头，中国也永远是自我中心，全然不在意与自己迥异的文明体系的存在。西方则没有中心，是极其多元的。各国为了利益，抑制自己的欲望，与对方缔结协议或条约，形成“国际社会”准则。东亚根本不具备这种现实认识的二重性，欠缺各自孤立的国家之间基于交易原理的利己主义的强有力的调整能力。在东亚，唯其日本是例外，没有加入中华帝国的册封体制（西尾认为日本历史上只有足利义满向明朝屈膝过一次）。它明白那是与中国体系截然不同的文明，能看清欧洲动向，具有及早察觉其军事力量难以抗拒的敏感。不属于中国体系，来去自由，能丢开呆然不动的中国，幕府才得以贯彻自主路线，转换方向，老老实实向欧洲学习。

日本被西尾干二说得像两栖动物，里外不是人，我却觉得事体并没有那么复杂。西尾对待《魏书·倭人传》是一脚踢开，顺嘴胡说，反正那年月的日本是死无对证，但幕末史料如山。从史实中看不出世界上曾有过一个他所说的日本。日本的转向分明是数了数彼理黑船上架了多少门大炮之后屈膝投降。1793年英国乔治三世派使节马戈尔尼来华修好，“天朝”要他向皇帝行三跪九叩的大礼，被他拒绝，很有点晏婴齐之习辞者也的气派，但辱了使命。就乾隆年间的世界来说，中国还是有本钱说大话的。那时西方需要中国，需要中国的物产，而中国并不需要西方，不需要通商。“加惠远人，抚育四夷”，洋溢着慈善精神。英国人需要茶叶，但中国人不需要毛衣，他只好用银子买。无商不奸，于是他就在印度种鸦片，拿来坑中国人，中国的白银反而外流了。林则徐火烧鸦片，1840 年就惹来战争。中国有自成体系的文明，当然要维持，要抗争。打了两年多，只留下虎门炮台遗迹，被重点保护着。到底失败了，不是败给坚船利炮，而是败在腐败和内耗。日本幕府在 1825 年下令，若有外国船只靠近，二话不说，一律开炮驱逐。不料连大清帝国都败了，四岛惶惶然，认为下一个就轮到自己，连忙收回成命，重新执行 1806 年的《薪水给与令》，为外国船只供薪供水供食物。这就是“及早察觉其军事力量难以抗拒的敏感”罢。彼理在《日本远征记》中记述：不是哀求好意的允许，而是作为权利来要求。这种强盗逻辑，即西尾所谓的国际社会准则，日本的确学而时习之。

对于黑船，日本也抵抗来着——美国人是吃牛肉的，幕府就坚决不供给。当时的《牛肉论书》写道：美国人再三乞求牛肉，但日本人养牛马是为了过日子，负重远行，以助人力。想到牛马的恩德，不吃它们的肉。黑船上需要五谷鱼菜之类，只要我们有，就予以满足，但牛肉还是请去别的地方要。幕府还发出告示：黑船停泊期间，农民不要套牛运货，不要放牧。彼理在《日本远征记》中述及惨状：由于日本人普遍信奉的佛教和单纯的风俗习惯，几乎没有能弄来吃的动物。除了鱼类和蔬菜得到供应，很长时间只有饼干和咸牛肉吃，所以海龟使舰上的人欢喜若狂，大快朵颐。不过，日本人的抵抗为时不长，当他们敏感地明白了牛肉“是与中国体系截然不同的文明”，便转换方向，不仅为欧美人养牛，自己们也开怀吃起了“牛锅”（牛肉火锅），那光景可能就像前一阵子北京流行鱼头火锅麻辣烫。

日本的做法并不稀奇，那就叫好汉不吃眼前亏。大概美国人从黑船事件取得经验，明白对日本人不威压不行，迄今还使着这一招，且继续有效。因为没有文明体系的负担，没有哲学，一无所有，所以日本人确实比中国人识时务，说转向就转向，结果没挨着打。先威慑，再缔约，这种国际社会准则，中国古时候就叫作城下之盟。西尾之流不以为耻，简直教人闹不清日本的耻文化到底是知耻还是不知耻。看着仿造黑船的游船停泊在下田港湾里，优哉游哉，真觉得匪“夷”所思。

万元的谕吉

去年（2004）日本发行新钞票，票面人物仍然是明治时代的——那是日本打了两场胜仗，让小说家司马辽太郎觉得光明的时代，但文豪夏目漱石下岗，与金钱不大有缘的女作家樋口一叶被发掘出来，而且作为小说家，肖像由面额一千元晋升到五千元的钞票上。万元大钞却还是福泽谕吉的尊容，历史地位似不可动摇。这个老头票在日本纸币里是面额最大的，腰包里多多益善，又不禁厌恶。福泽谕吉是近代日本最大的启蒙思想家，日本人被他启蒙的思想之一是蔑视亚洲，热衷扩张。1894年日本向中国开战，年迈六十的“福泽觉得多年不被人理睬的东洋政略之论终于有了实现的机会，奋勇活跃，连日在报上挥笔，鼓舞国民志气不已”。他辱骂梳辫发的中国人是“豚尾儿”，叫嚣甲午战争“虽发生在日清两国之间，但寻其根源，乃谋求文明开化之进步与妨碍其进步的战争”。

最近读《福泽谕吉的真实》，作者平山洋颇费了一番考证工夫，说“豚尾儿”之类的坏话不是福泽谕吉说的，而是一个叫石河干明的人栽赃嫁祸，“日清战争是文明与野蛮的战争”什么的都是他说的。

福泽谕吉生于1835年，父亲食禄十三石，家境贫寒。在乡里学汉学，后到长崎、大阪学兰学。二十三岁奉藩主之命赴江户，开办兰学塾。观光横滨，发现荷兰语无用，愕然之余，转而自学英语。1860年《日美修好通商条约》在旧金山换文，他充当舰长的仆从随船前往，回国后被幕府雇用为翻译。1861年作为随员出使欧洲一年。明治维新以后改家塾为庆应义塾，并从事著述，影响以《劝学》为巨。自序有云：“本书是读书之暇随时所记，一八七二年二月开始写第一编，到七六年十一月第十七编结束，发行总数迄今为七十万册。其中初编不少于二十万册，且盗版盛行，即以真伪版本共二十二万册计，日本人口三千五百万，每一百六十个国民当中就必有一人读过，古来稀有。”福泽宣扬：老天爷没让人不平等，但实际上平等还得靠向学，用功学习就可以达到“一身独立而一国独立”。

1882年3月福泽谕吉创办《时事新报》，编辑部设在庆应义塾内，记者都是他的弟子。石河干明在所著《福泽谕吉传》

中记述：福泽说“要是把中国弄到手，彦次郎当总督最合适”；这个彦次郎乃福泽外甥，担任时事新报社社长兼主笔。翌年发行量达一百四十八万份，福泽署名撰文，其他记者也执笔，每每不署名。平山洋发现问题便出在这里，石河干明编辑《福泽谕吉全集》时把那些不署名的文章也一股脑收入，造成误解，使福泽担了侵略亚洲的恶名。然而，问题是捉刀代笔，那些文章是不是说了福泽要说的话，启蒙国民。记者们撰文偏要不署名，使出这个编辑手段，不正是想让人们当作福泽的文章来读吗？或许福泽本人骂不来，借他人之笔宣泄亦未可知。况且创刊之初，该报就立下规矩，昭然于天下：“论说虽不乏记者之笔砚，但特乞福泽、小幡两人授意，并烦其审阅。”福泽在《福翁自传》中也说，年事渐高，社论也任由石河干明等执笔，但是他时常授意，并且看他们拟就的文章，略为加工。可见，有违福泽的思想、文章不可能出笼。述而不作，账也要算到他头上。石河把自家大作也归入福泽名下，反倒是不贪夫子之功。

平山洋在查考上细致入微，显出日本人特有的坐功，而解读能力似偏低。石河干明在《福泽谕吉传》中说，日清战争时福泽斗志昂扬，天天上班，亲自写论说；平山洋予以否定，理由是福泽自言“去年来忙里偷闲执笔”《福翁百话》，哪里顾得上连篇累牍地煽动战争呢？堂堂文学博士竟然读不明白这里的忙与闲，“百话”要偷闲来写，那么，他忙的是什么呢？不正是石河说的，忙着天天上班搞煽动吗？福泽谕吉向来讨厌捐款，但是“为文明开化而战，再困难也不后退一步，直至全国四千万人绝种”，慨然解囊，捐出一万元以资军费。此金额仅次于祖上食禄百万石的毛利元德公爵，与其他三人并列全国第二位。这个“绝不是疯了”的行动足以表明他支持侵略战争的狂热，胜过千言万语。

福泽谕吉是社会转型时期的启蒙思想家，思想庞杂，倡导市民自由主义与鼓吹占领朝鲜、瓜分中国并存也不足为奇。历史的乃至现行的福泽谕吉不免被误读，例如《劝学》开篇第一句“有云，天不造人上人，不造人下人”，本来是从美国《独立宣言》里拿来的，却一直被奉为他的至理名言。平山洋所下工夫，从全集编辑学的角度来看不无意义，用来为福泽谕吉开脱却过于勉强，他只是用简单化的手法把福泽思想加以纯洁化罢了。可那么一来，这位明治政府的师爷高踞万元大钞的价值也就大大减少了。

梁山伯的武士道

听了一首歌，不知是不是同唱的，唱道：如果我是梁山伯/一定放过祝英台/让她和别人去相爱/生个漂亮的小孩/如果我是梁山伯/一定把爱藏起来/在故事开始前离开/我一个人去伤怀……

歌里梁山伯对祝英台的这个爱法，用《叶隐》的话来说，那就是“忍恋”，把爱藏起来，隐忍地爱恋。

《叶隐》，也叫作《叶隐闻书》，被好些日本人奉为武士道经典。书成于我大清康熙年间，但翻译捉弄人，一本古书逐译为我们的现代语言，仿佛内容也现代化，像“刺身”一样新鲜。距今三百年前的日本，德川将军家独掌大权，天皇靠边站，各地藩主也不敢乱说乱动，世间已太平半个世纪。藩国有二三百个，佐贺还不算太小。佐贺藩有一个藩士（藩的武士）叫山本朝常，随侍第二代藩主。初代藩主死的时候有二十八名藩士殉死，但二世厌恶这陋习，德川幕府也明令禁止，所以朝常只能喟叹生不逢时，主子死后便剃去武士的标志性发髻，到郊外结庵隐居。十年后，做文书工作的藩士田代阵基受处分闲居，无所事事，找到这位老前辈，听他讲那过去的事情，追忆激情燃烧的岁月，记录整理，攒成了《叶隐》。

明治时代之前的江户时代（1603—1867）人分四类，士农工商，以武士为首。武士不是侠，而是忠于主子的军士，其他三民未必致以崇敬，民间打油诗（川柳）很爱拿他们开涮。武士的根本道德是儒教。山本朝常讲说的是不知死，焉知生，而生的全部内容就是为藩主尽忠，效犬马之劳。关于死，他并不求真知，不在乎看透不看透，只是把死当作尽忠的终极表现而已。诸如朝闻道夕死可矣、视死如归，话都说得比他更明白。“武士道就是发现死”，这是后世让《叶隐》大出风头的一句话，但当时大家好不容易过上消停日子，鼓动去找死，当然招人嫌，所以连佐贺藩校（从武治转向文治，藩培养藩士子弟的学校）也不把《叶隐》当课本。像《叹异抄》等古籍一样，此书是近代以后被捧为经典的。

1905年日本打败帝俄，举国好战，有人抄录一部分付梓，《叶隐》这才首度面世。印本也呈献乃木希典，这位陆军大将后来为明治天皇殉死。自1937年，《叶隐》“大为流行，被社会强制为必读之书”，特攻队（敢死队）读了，以死为目的，如同樱花开就是为了落，纷纷断送年轻轻的性命。战后，这本“丑恶的、本该忘掉的、肮脏的书”被丢进垃圾堆，到了1967年，日本基本上实现超英赶美的百年心愿，文学家三岛由纪夫把它捡回来，写了本《叶隐入门》。“入门”三年后切腹自杀，而他始作俑的《叶隐》热以至于今，并借着他的文学大旗走向世界。不过，这股热始终是读书界的鼓噪，并不曾形成社会风潮，所以近年自杀率飙升，却没见有死得那么“叶隐”的。

三岛由纪夫说，山本朝常活在太平之世，年轻人都想当娘们儿，萎靡不振，他说了有勇气的话。三岛也要说有勇气的话，做有勇气的事。他当然不可能误读，而是把死更往死里说，也比朝常说得浪漫。其实，《叶隐》论武士的修养，更多的是讲怎么活，乃至剃头抹粉，不厌其烦地教说封建的主从关系在日常生活中的具体做法。他给这种关系找了一个伦理支撑，即“忍恋”，这“忍恋”而且是恋的极致。日本自诩为“神国”却没有神学，古典文学有各式各样的恋爱故事，但没有恋爱论，以至《叶隐》简直是唯一从理论上阐说恋爱的书。

朝常所说的恋不是男女之恋，而是同性恋。战国时代尚武，武士嫌恶女性，尤好男色，特别是主仆之间。对于这种事，日本向来很宽松，只是因殉情或夺爱，死人的事时有发生，德川幕府也下过禁令，但收效甚微，明治以后受基督教影响，才视为变态，立法管制。主子随意恋奴仆，倘若奴仆恋上了主子，那恐怕就只好忍，单相思，“我对你的爱只有我明白”，用所谓忠来表现和报答。这样，殉死也相当于情死。《叶隐》的年代，忠的是藩主，并没有忠于天皇的意思，这曾教借以树立天皇崇拜者为难。三岛毕竟更聪明，说：对女人或男色的爱如果纯一无垢，则完全等同对主君的忠，进而构成天皇崇拜的感情基础。

记得几年前看市川猿之助演歌舞伎《新三国》，莫非他和他的观众难以理解关羽对刘备的那份死心塌地，居然把刘备改为女性，呕呕哑哑，二人的关系变成了男女之恋，并相期来世。兄弟变为主仆，义变为忠，或许拿“忍恋”来解释正合适。梁山伯与祝英台的爱恋不也是始于兄弟之情么？

对《叶隐入门》嗤之以鼻，否定《叶隐》，日本也大有人在，甚而斥之为老朽的胡说八道。

武士道与商人道

重读《武士道》，顺便翻阅了新渡户稻造全集，第六卷中有一篇《武士道与商人道》，觉得有意思。这篇短文作于1933年，距他用英文撰写《武士道》已过去三十多年。

作者先讲了“什么是武士道”，指明其根本是知耻，商人道必须同样立足于这一道理。过去商人只要赚到钱，丢脸也不在乎，所以士农工商，被置于人的最底层。接着便写到“中国的商人道”，所谓奇文共欣赏，引译如下：

> 这样，过去日本有一个原则，即商人是骗人的。所以，商人的理想与武士阶级截然不同。一方要努力做到丢了命也不能丢脸，另一方不管丢不丢脸，捞不到便宜就是损失。从一个极端到另一个极端，分道扬镳，商人道与武士道看来是永远不相容的。可是，人存活的路上

不该有那么大的距离。去过中国的人知道，在中国，多半商店里设有佛龛似的东西上香供花。日本乡下也有类似的东西，供奉的是招猫。中国商家安置的当然不是佛像，是威严的偶人，满脸大胡子，身穿铠甲，一打听，说这是关羽的像，让我们有点纳闷。

要说关羽，只会让人想到相当于日本的加藤清正的勇武之人，跟商人朝夕礼拜的人好像不相称。为什么中国人尊崇关羽呢？他并非出自商人，也没听说能赚钱。询问因由，说是关羽这个人讲信义。

“商人必须重信义，轻信义当不了好商人。”所以在中国一般作为商人的守护神祭祀关羽。确实了不起。有人说日本是武士之国，而中国是商人之国，诚然有不同之处。中国不轻蔑商人，也不认为商人不知耻，反倒是非常讲信义的。正如西方谚语所言：把他叫绅士，他就必然会做出绅士的举动。与此相同，大家都称赞商人是非常讲信义的阶级，商人本身也就会心向往之。外国人经常说，日本商人不可信，中国人好。不过，最近国家动乱，不像过去那么好，但直到二十年前，全世界都尊敬中国的商人。尊敬的理由是什么呢？未必是因为精于商路，或长于算计，并不是赞扬当商人的技术，而是作为人注重信义，有商人的可贵。

疑义相与析，我感觉疑义的是，目睹中国这二三十年来市场经济大发展，已确然相信日本人是工匠、中国人是商人之说，却好像没怎么见识过这样的商人道。莫非新渡户作文时中国商人已不如前，后来更一蟹不如一蟹，以至于今么？某日偶然看一眼电视剧，经商的，场景有一幅字，历历在目：苟利国家生死矣。好一个“矣”字，不知是布景的人故意改动林则徐笔下的“以”，抑或笔误，但对于好些商人来说，倘若对国家有利，可真就事关生死。

提到关帝，我生来第一次见到关帝庙却是在日本。那是1990年，横滨中华街重建关帝庙落成，初来乍到，对什么都觉着新鲜，便特意去参观；不是参拜，因为对经商不感兴趣，烧香磕头也无益。横滨是1859年开港的，今年（2009）适逢一百五十周年，正大举庆祝。中国人最早来这里的，是充当欧美人的翻译；不是口译，而是跟日本人“笔谈”，借助汉文，再通译给欧美人。明治初年，横滨有华侨一千来人，大半是广东人，他们指望关帝也管到日本来，建立了一座小关帝庙，这就是日本第一座关帝庙。再过些日子，农历六月二十四日是关帝的生日，中华街上要狮子耍龙，将热闹一番。这庆生活动自然也早已日本化，掺入了“祭”的方式，那就是请关帝坐轿子，抬着他游街。

关帝诞辰有点乱，日本华侨给他过的是农历六月二十四日，不知是否跟加藤清正有关，因为此公生卒恰好都在这一天。加藤是丰臣秀吉手下的名将，侵攻朝鲜半岛时曾率军跨过图们江，后归附德川家康，但终生不忘对丰臣家的忠义。1910年，也就是《武士道》一书出版十年后，明治政府追封他从三位，让全国人民学习。

还有个传说，说芹菜是加藤清正从朝鲜半岛撤兵带回来的，所以又叫作“加藤人参”。不过，日本人普遍吃芹菜却是被美国大兵占领了以后，饮食欧美化。他们自来不爱吃芹菜，也不爱吃香菜，嫌其味重。像当今国内的餐馆一样，国人在日本开餐馆也供奉关公像，我一直以为那是保护它生意兴隆，从未联想到诚信。还是吃香菜罢。

食蓼虫

蓼虫何意嗜辛蔬，识字从来忧患初。

傲骨峥嵘难媚世，茂陵长卧马相如。

诗一首，引自《艮斋诗略》。清末俞樾编《东瀛诗选》，评艮斋诗，曰“可传者颇多，盖亦学人之诗”。汉文暧昧，“学人”若解为动宾结构，就是个贬义，但此处作名词。安积艮斋是江户时代末叶的儒学家，当年彼理率舰队叩日本国门，他也曾参与翻译美利坚国书。

食蓼虫，白居易有诗：何异食蓼虫，不知苦是苦。蓼叶辛辣，日本人吃鱼生用蓼芽佐味。谷崎润一郎有一个长篇小说叫《食蓼虫》，序词中写道：“调查一下，发现中国谚语‘蓼虫不知苦’是日本谚语的元祖，详细说，是‘冰蚕不知寒，火鼠不知热，蓼虫不知苦’（案：此语出自宋人《鹤林玉露》)。我没尝过蓼叶，看来非常苦。此谚语好像是嗤笑爱的人沉溺于爱，不觉察对方的缺点，但日本把本来的意思略加引申，很多时候也用于人各有秉性，所以应该任个人所好，他人不要干涉。总之，我用作小说的题目是依照后者的解释。”

1923 年关东发生大地震，自小有地震恐惧症的谷崎赶紧从东京迁居关西；1995 年关西发生阪神、淡路大地震，他幸而去世已整整三十年。1926 年，谷崎到淡路岛观赏自 16 世纪传承的人形净琉璃，两年后写作了《食蓼虫》。关西是大和王朝所在地，古风犹存，本来多变的谷崎顺其自然地回归古典。川端康成说：“谷崎的作品早就有很多译成外语，特别是近年翻译的《食蓼虫》《细雪》等，在西洋诸国也受到尊敬，而且被视为现代日本代表性大作家，国内的我们也觉得理所当然。”1958 年三岛由纪夫以《食蓼虫》等作品推荐谷崎候选诺贝尔文学奖，但评委会说是没准备好接受；十年后准备好了，谷崎已死，接受的是川端康成。谷崎为现代文学润色的古典之美被村上春树清洗殆尽。

因闹过一场谷崎要把妻千代让给佐藤春夫的事件，所以《食蓼虫》所写妻的情人被指认为佐藤，但谷崎之弟终平在千代死后撰文，挑明千代早就有情人，不是佐藤，而是住在谷崎家的帅哥和田六郎（日后为推理小说家)，并且流过产。可能像小说一样，这场奸情为谷崎所容许，甚至由他一手导演。不知何故，有情人未成眷属，这才有谷崎二度让妻，和佐藤、千代发表了联合声明，轰动社会。

写《食蓼虫》的日子谷崎正过着主人公斯波要一般的奢华生活。斯波结束与俄罗斯娼妇的关系，转而迷恋人形似的日本女性。谷崎离婚后提出征婚七条：关西人，但不喜纯京都味；适合日本发型；不是美人可，手脚须奇丽，云云。

断肠亭日记

永井荷风喜欢王次回的两句诗：花影一瓶香一榻，不妨清绝是孤眠。

他也写得来汉诗，如：卜宅麻溪七值秋，霜余老树拥西楼。笑吾十日间中课，扫叶曝书还晒裘。

谷崎润一郎在《疯癫老人日记》中写道："荷风的字和汉诗并不算高明，不过，他的小说是我所爱读的书籍之一。这幅字是过去从一个画商那儿弄来的，但听说有人很擅于仿造荷风的字，几可乱真，这一幅也就真伪不明。被战火烧毁以前，荷风住在这附近的市兵卫坊的涂油漆的木造洋楼里，号偏奇馆，因之云'卜宅麻溪七值秋'。"

偏奇馆遗址在东京麻布区。"偏奇"是外来语油漆的谐音，据说漆的是蓝油，一见如事务所，景观很有点偏奇。永井荷风的名作《雨潇潇》《墨东绮谈》等都是在这里写作的。

1945年3月9日，天气快晴，夜半空袭，荷风提着装日志及草稿的手提包匆匆逃难："庭前大槠树火焰熊熊，黑烟漫卷过来，束手无策，不能到近前看清家宅倒毁，唯有远望火焰更其猛烈升空，可知偏奇馆楼上很多藏书焚毁于一时。闲居偏奇馆，舞文弄墨，算来将近二十六年之久。思及三十余年前在欧美购买的诗集小说座右之书再不能得到，惋惜之情难耐。"

两天后在灰烬中拣出一枚印章，是谷崎润一郎为他篆刻的"断肠亭"三字。

这是永井荷风在《断肠亭日记》中记述的。日记从三十七岁开始写，一直到去世的前一天戛然而止，"不怕雨不怕风"地连续写四十二年。每天先草记，然后用宣纸誊清。装订成册，封面写"日记"，而帙签为"日乘"。用心之深，显见是他独居的一大乐事。写日记并非说梦话，终究存一份给人看的心思，荷风的日记更属于创作的日记文学。远藤周作称赞《断肠亭日记》在荷风的作品中足以和《墨东绮谭》比肩，是日本日记文学最高峰之一。永井一度怕被人看见对时局的看法，曾深更半夜起来把愤怨不满的文字抹掉，外出时还要藏在木屐箱里，后来感到了惭愧，决心毫不畏惧，直笔所思，为后世史家提供资料。

永井荷风生于1879年，比夏目漱石晚十二年，比谷崎润一郎早七年，毕生仰慕森鸥外为文学之师。某日，森见到他笑道：我家女儿最近读你的小说，被江户趣味感染了。

译几段觉得有趣味的话：

“我对日本现代文化常甚感嫌恶，如今更知难抑对中国及西欧文物的景仰之情。……之所以能住在日本现代的帝都，安度晚年，只为有不正经的江户时代的艺术。如川柳、狂歌、春画、三弦，不正是其他民族里看不见的一种不可思议的艺术吗？想要平稳无事地住在日本，非从这些艺术中求得一缕慰藉不可。

“报章连日报道中国人排日运动，总而言之，是我政府萨长人武断政治所致。不至于国家主义弊害而使国威丧失，危及邦家则幸甚。

“喜欢看血是日本人的特性。

“往古日本武尊假扮女子刺杀敌军猛将熊袭，可知在中国思想传入之前暗杀就已经有了。

“读法国人著《日本日夜记》，其中说日本人的微笑：如果日本人失去微笑的习惯，其貌就野蛮粗暴，令人讨厌。两腮突出，比这脸可爱的微笑消失光芒时，引人注目的只是贪欲的牙齿突出和阴郁不安的眼睛闪亮。同样，从日本城市去掉寺院的美观，剩下的就只是矮屋破房的不成形状的集合，云云。这与我平常所见一致。

“日本人好像认为忠孝贞操之道只日本有，西洋没有。人伦五常之道西洋也有，但若说略微不同之处，在日本如寒暄一般什么事情都要把忠孝挂在嘴上；而且有怨恨，陷害人的时候也要拿忠孝当工具，说那个人不忠，揭发私生活。言必称忠孝好似通行证，没它就难以度日。

“直至昨日在日本军政府压迫下呻吟的国民豹变，对敌国阿谀之状可掬。虽非义士，见此也不能不皱眉。

“中国儒学，西洋文化，日本只不过学了皮毛，终不能咀嚼。”

鸦片王

“提起了宋老三，两口子卖大烟”，喝酒聊天，有人哼哼这两句，大家便想起过去的故事，七嘴八舌。此前刚读了一本书，书名《鸦片王》，于是想到日本人在中国贩卖鸦片的罪恶史。

我们喜欢把日本叫小日本，却不人去想这个地狭物贫的蕞尔小国居然能出动百万大军入侵我泱泱大国，军费从哪里来？原来他们用尽了贩卖鸦片、制造假钞等人类所不齿的手段敛钱，以支撑那场灭绝人性的侵略战争。据说罂粟是唐代移植到中国的，种子被叫作御米熬粥吃，到了宋代已经当药材，明代医书上名之为阿芙蓉。17 世纪日本拿了去，只作为药材，从不曾吸食，这倒是值得他们骄傲的。遵循孙中山禁烟遗训，中华民国不允许贩卖鸦片，但日军入侵后公然开禁，北京吸食者增加十多倍。历史学家江口圭一曾指出，日本对中国进行的十五年侵略战争是一场“日中鸦片战争”。这场鸦片战争的一个关键人物是《鸦片王》记述的里见甫。此书副题为“满洲的夜与雾”，读者自然会联想到从纳粹集中营活下来的弗兰克尔写的《夜与雾》。

作者佐野真一当过编辑，后来专事纪实写作，曾获得大宅壮一奖。早先读过他的《谁杀死“书”》，基于我本人对日本出版界所见所思，颇信服他的取材能力和问题意识。在满洲夜雾下，有两个人物最教他动心：一个是甘粕正彦，看过李香兰之类的电影的，对此人应略有所知，他是满映（满洲映画协会）董事长，权力甚至凌驾关东军，日本战败之际自杀；另一个我们中国人几乎不曾听说过，他就是里见甫，中国名李鸣，有鸦片王之称。

战后好些连我们也耳熟能详的人物都曾在满洲干过宋老三两口子的勾当，如那位因田中角荣的洛克希德事件被送上法庭的儿玉誉士夫就曾受昭和通商之托贩卖过海洛因。1939年陆军省军事科长岩畔豪雄下令，由三井物产、三菱商事、大仓商事三大财阀出资成立了一个军需国策公司，即昭和通商，秘密从事谍报活动和鸦片交易。战败时销毁了全部资料，时过境迁，佐野调查之难是可想而知的，幸而他得到了一份“故里见甫先生遗孤里见泰启君后援会”名单，追踪查访。列名者一百七十六人，有当过首相的岸信介、佐藤荣作，还有日本船舶振兴会会长笹川良一等，这些人都跟里见甫一样在满洲起家，战败之后像地下水一样把人脉和资金流回了日本，岸信介竞选就是靠贩卖鸦片赚的钱。

里见甫生于1896年。1913年2月孙中山访问福冈，里见曾为他表演过柔道，这是里见跟中国发生关系之始。同年秋，赴“魔都”上海就读东亚同文书院。四年后毕业，就职于贸易公司，因倒闭归国。1921年重返中国，进入报界，奉关东军之命，统合媒体，成立满洲国通讯社（今电通和共同通信社的前身）。1937年里见甫以记者身份从满洲来到上海，日军参谋部的特务部（掌管日军占领区的政治、经济、文化）找他销售军队从伊朗运来的鸦片，于是他买下一家药铺，改名为宏济善堂当据点。贩卖鸦片得来的钱上缴兴亚院，由那里转送大本营，再回流侵略军和特务机关。兴亚院是侵华的中央机构，由总理大臣挂帅，外务、大藏、陆军及海军四大臣为辅。里见甫在远东国际军事法庭上坦然交代，宏济善堂从伊朗鸦片赚了约两千万美元，相当于现在的三十兆日元。后来因欧战阻隔通路，转向蒙古产鸦片，数量是伊朗产鸦片的两千五百倍。1946年里见甫作为民间头一个A级战犯被捕。

里见甫是贩卖鸦片之王，日本还有一个称王的，是种植鸦片之王，叫二反长音藏，他奔波满洲等地，指导种植罂粟。

战后，里见甫销声匿迹，没有像其他人那样利用在满洲建构的人际关系跻身政界或财界。他死于 1965 年，墓碑上刻着“堕凡俗而超凡俗，追名利而绝名利，逐流而作浪，不知其所终”。佐野真一说：“黄泉之下的里见不正是盖上了地狱之釜的盖子，使人无法进入夜、雾与鸦片的气味所笼罩的暗黑而隐秘的世界吗？”不过，作者过于津津乐道枝节，内容芜漫，反而把里见甫的嘴脸淹没在浑水中，看不大真切。如果我来追究那一段历史，非弄清美军为什么无罪释放了里见甫不可。

听说当年鸦片店雇用一个日本人或日籍朝鲜人就可以挂起太阳旗，享受治外法权，以致发生过所谓侮辱日本国旗事件，因为中国人以为那个红太阳是鸦片的商标。以前在周作人的文章中也读到过日本人卖大烟的事，他写道：“领事馆为什么不取缔呢？说毒化政策这倒也未必然，大约只是容许侨民多赚一点钱罢。”可能他不了解真相，但认为日本政府不过是“贪小失大”，存了这样的心思，当汉奸也顺理成章。

李香兰的故事

几个以读书闻名的人选出一百部“20世纪人物传”，日本人和外国人各半，山口淑子的《李香兰——我的半生》也列在其间。此书是1987年出版的，去年为查找“满映”资料才读过，但觉得引人入胜的，不是李香兰的中日关系，而是她和俄国女友柳芭的交往，颇富戏剧性。

山口淑子今年应该有八十岁了，的确可称作昭和历史的见证人。她是“满洲生满洲长”，在煤都抚顺长到十二岁，十八岁才去过东京几天。生活的语言是日语，但家庭有汉学传统，从小跟父亲学习“北京官话”。不过，要说使中国出了个“李香兰”的契机，既不是日本人，也不是中国人，而是流亡到奉天（今沈阳）的俄国少女柳芭。

读小学六年级时，淑子去东北第一大都会奉天远足，在火车上偶然和棕色头发的柳芭坐在一起。柳芭与淑子同龄，上的是日本人学校，很会说日语。此后不久，山口家搬到奉天，淑子认父亲的中国友人李将军作干爹，取名李香兰。她到柳芭家玩，柳芭给她介绍了一位音乐老师——意大利人，和俄国贵族结婚，本来是有名的歌剧演员。老师认为李香兰没有音乐才能，却拗不过柳芭的恳求，勉强收为学生。训练很严格，起初三个月由会说几国话的柳芭充当翻译。老师在“满铁”经营的大和旅馆举行独唱会，让淑子穿和服垫场，唱的第一支歌是《荒城月》。奉天广播电台计划科长（当然是日本人）听了这场音乐会，看中淑子，找她唱“满洲新歌曲”，艺名就叫李香兰。那时她十三岁，正是日前刚刚解散的少女合唱组初登舞台时的年龄。

听从父亲安排，淑子独自去北京“留学”。她去柳芭家告别，但门窗破败，听说全家人都被日本宪兵抓走了，下落不明。此后，李香兰唱歌演电影，从东北红到上海以及日本。1945年5月，美军已经在冲绳登陆，上海举行中日合作音乐会《夜来香幻想曲》，很有点“音乐无国境”或者“隔江犹唱后庭花”的氛围。在周璇等中国女演员赠送的花束中，李香兰听见有人喊她的小名。是柳芭！她看见海报上的照片，莫非李香兰就是淑子？柳芭一家经哈尔滨、大连流亡到奉天，开面包店维生。其实他们是布尔什维克，逃来上海，父亲和儿子、女儿三人在苏联总领事馆工作。

最近在街头海报上看到四季剧团又上演根据山口淑子“前半生”改编的《李香兰》。几年前看过这出歌舞剧：幕启，一群男女蹦蹦跳跳，翻来覆去唱一句“枪毙她、枪毙她”。但李香兰没有被枪毙，因为她不是中国人，不是中国人就不能划为汉奸。那年代好像国籍无所谓，淑子认了两个中国干爹，却没有考虑过国籍问题。男装丽人川岛芳子本来姓爱新觉罗，给日本人当养女，如果像当今中国人那样望望然汲汲然加入日本籍，或许就不能被当作汉奸处死。不过，让世上相信李香兰是日本人可不容易，必须有物证。挽救了战败国的李香兰的，是战胜国的柳芭。她只身一人悄悄奔赴北京，找到山口家。父母把户籍誊本藏在淑子平日最喜爱的布娃娃里，柳芭带着它飞回上海。一纸粗糙的户籍誊本洗清了汉奸嫌疑，军事法庭宣判李香兰无罪。淑子终于上了遣返船，听见广播电台正播放她唱的《夜来香》。

在东京唱卡拉OK，时而会听到日本人唱《夜来香》，尤其有中国人在座的话。似乎这首歌特别有时代感，听来感觉总有点怪怪的，便想到在那个国际色彩浓郁的环境里，两个异国女性的传奇遭遇，或者再加上一个中国女性，《李香兰》里编排的是李将军的女儿。

临行喝妈什么酒

我没做过学问，但认识几个做学问的人，听他们说，日本做学问跟中国不一样。中国学者做起学问来气壮如牛，命题不怕大，而日本人钻牛角尖，工夫都下在细枝末节上。我就想，比如研究李玉和，临行喝妈一碗酒，大概中国人注重的是这碗酒垫底的宏大含义，醉翁之意不在酒；而日本人心细如发，像猴子拿虱子似的（老舍的说法），一个劲儿探究他喝的酒是什么酒。那么，李玉和雄伟地一饮而尽（现代京剧《红灯记》剧本的用词）的，究竟是什么酒呢？我估计那是白酒，因为李奶奶说了，穷人喝惯了自己的酒。鸠山说“来来来，老朋友，先干上一杯”，他的酒肯定是日本酒（清酒）。中国人喝酒不混着喝，尽管李玉和有酒鬼之嫌（事出突然，李奶奶却随口叫铁梅，拿酒来，可见酒是常备的），但肚子里垫了一大碗白酒，不能再混入别的酒，所以他推开酒杯，说我不会喝酒。假设，李玉和：我不爱喝你那日本酒。鸠山：好好好，我的中国老白干大大的有。接着就得演千杯万盏会应酬。

再考证下去，鸠山的清酒是从大日本帝国运来的吗？我敢说不是，而是日本人在满洲当地酿造的。

1931年九一八事变后日本正式向满洲移民，1936年定下国策，计划到1956年移民五百万人。主要是农民，尤其年轻人要逃离贫困的乡下，到“大陆雄飞”，小说《红月亮》的主人公波子和丈夫森田也卷进时潮。波子读到“元始，女性是太阳”，以为对于女性来说最要紧的是自由，但现实让她认识到没有钱就什么都办不到，抛弃了陆军少尉大杉，嫁给一身马粪味儿的森田。小樽是日清战争以后靠军需景气繁荣起来的港口城市，森田家从石川县移居此地开大车店，几年的工夫由一马一车发展到三十四马十五辆大车。大杉失恋，无怨无悔，反而鼓动森田去满洲打天下。他建议办厂酿酒：日本人喜好日本酒，伏特加或绍兴酒不能慰藉日本人的望乡之思。虽不能指望在满洲酿出胜过日本内地（当时日本不把满洲当外国，而是当外地）的日本酒，但要是造得比较好，关东军高兴买，就会是遍布满洲的精锐们每晚痛饮的酒。大杉牵线搭桥，1934年波子跟森田来到满目荒凉的牡丹江，兴办造酒厂。水是酒的命，牡丹江水看上去不如日本水好，但行家尝了尝，对这水有信心。关东军荷枪购地，安置移民，说是买，等于强占。用水泥墙圈起来两千坪，掘井建房，第二年从新潟雇来技工，运来新米，冬天便酿出五百石好酒，皆大欢喜。女人是不干净的东西，不能进厂内，波子在入口巴望，高兴得哭了。

当波子穿上黑貂皮大衣，乘坐司机开的高级车，极尽荣华时，已升任中校的大杉来复仇了。他是恩公，再加上旧情复燃，波子便主动献身，而森田是老公，感恩之余的滋味可就不好受："我后悔让你去见大杉。我知道去见，结果就会是这样，可我同意了。尽管如此，心的角落里并非没期待你十二点之前回来，什么事都没有，我们的生活又开始。但是这想法太天真了。到了十二点时，我想死，因为觉得自己的人生太惨了。我的事业简直是专属关东军，在关东军的庇护下获得成功。谁提供了这成功的原因？是大杉中校，你的第一个男人。你跟我结婚，就和大杉分了手，但他并没有丢下对你的爱情和留恋。这用援助我这个情敌的形式表现了。本来我一开始就不该接受大杉的援助，不该来满洲，可也想赶潮流干一番事业。我是孬种，竟然靠自己老婆的旧情人的力量发家。"

关东军扬言：有关东军百万精锐，"满洲国"就不会完。

然而，月亮红了，不是喝酒喝红的，那是“苏军的坦克烧毁着四周向这边挺进，黑暗天空的底边烧红了，好像远处的山火。当空的月亮比新月还细些，连那月亮也红了”。森田给新酒取名千代鹰，祝武运长久，但关东军不堪一击，抢先逃走，偶像在波子心中稀里哗啦崩溃。财产一空，扎根牡丹江的愿望彻底破灭了，留给波子的是带着孩子们逃亡。森田终于在收容所里找到了妻儿。到了晚上，几个红脸苏联兵挎着曼陀林似的冲锋枪，拎着伏特加酒瓶，进来把二十来岁的姑娘一个个带走。森田心灰意冷：“我们在满洲过了这十一年到底算什么呢?”波子说：“我们做的美梦都醒了，眼前的这场噩梦一定也很快就醒。”

《红月亮》上下两卷，末尾开列了八页参考资料，以示其内容具有史实性。作者中西礼出生在牡丹江，1946 年八岁，随母亲回到日本，据说女主人公原型是这位母亲。他说“我活下来就是为了写这个小说”，“写了这个小说，觉得我终于成为小说家”。读过《红月亮》，我还读了一位中国女作家的小说《伪满洲国》，有点要比较的意思。她在后记里讲到曾多年搜集历史资料，却一本也不予提及。写完了小说，她独自到餐馆叫了两个菜和一瓶酒，那是一瓶什么酒呢?

谁救了京都

读陈舜臣自传《路半》，发现他搞错了一件事。

陈氏写道：1999年，神户中华同文学校建校一百年，“邀请了梁思永的儿子（曾留学美国的建筑师）”；据这位儿子说，第二次世界大战末期美国空袭日本各地，由于他父亲进言，古迹荟萃的京都、奈良幸免于难，遗存至今。

其实，陈氏所说的“儿子”是梁从诫，乃梁思成与林徽因所生，应该叫梁思永叔叔。梁思成是梁启超的长子，出生于东京，而梁思永出自如夫人，同父异母。“人才为政事之本，而学校尤人才之本”，百日维新后梁启超亡命日本，在神户讲演时倡议办学校。当时神户华侨不足两千人，有钱出钱，有力出力，办起了第一所华侨学校。梁启超举家迁居神户的须磨后，梁思成也就读于此校。

二十多年来中国百废俱兴，积淀泛起，梁思成也成了故事人物，特别是他和林徽因的浪漫爱情，有诗人徐志摩插上一脚，还有人为林徽因而终身不娶，不仅演绎成小说，还搬上电视。关于梁思成从战火中挽救了京都、奈良之说，传闻今年（2005）1月中央电视台英语频道也予以宣扬，始作俑者似乎是刊登在《人物》杂志2001年第一期上的访谈。以往颇信任该杂志，但此文却经不起推敲，好似米饭里有砂，越细嚼越硌牙，疑窦丛生。梁思成在1964年给日本写过一篇文章，动情地回忆：我同我的堂兄弟姐妹们从家里徒步走到通往神户的铁路车站，去神户同文学校上学。铁路售票员对我们很好，即使我们只有一天没去上学，他们也会担心，第二天一定要问问发生了什么事。遗憾的是，他对这个历史性功绩“缄口不言”。

日本人四处侵略，杀人放火，无恶不作，但战争结束后，发现自家的京都、奈良安然无恙，那里并非没有军事设施，却未遭兵燹（准确地说，是不曾遭受大规模空袭），匪夷所思。1945年11月11日《朝日新闻》这样报道：京都和奈良为啥没挨炸？战争结束三个月了，终于解开了这个谜。原来美国人尊重美术与历史，开战伊始即组成“战争地域美术及历史遗迹保护挽救委员会”，空袭日本各城市之初就没把京都、奈良列为目标。哈佛大学美术馆东方部主任兰登·沃纳为此付出了非同寻常的努力。他是日本美术专家，比日本人更爱日本，尤其是奈良、京都。在麦克阿瑟司令部司职文教的亨德森中校也是美术研究家，他进驻日本后宣扬了沃纳的不朽功绩，云云。这个报道不无拿文化说事、拍美国马屁之嫌，从此沃纳大恩人之说不胫而走，成为战后日本人的一个“共识”或“常识”。

兰登·沃纳（Langdon Warner，1881—1955）生于马萨诸塞州，哈佛大学毕业。1907 年至 1909 年初次来日，师事冈仓天心，和横山大观等同学日本美术。自 1923 年在母校哈佛大学执教。1931 年再度来日，在奈良学习佛教造像。妻子是罗斯福总统的侄女。战后他旧地重游，日本举国欢迎，热点话题当然是他仗义使奈良、京都不曾被夷为平地，他却不买账，始终予以否认。

“战争地域美术及历史遗迹保护挽救委员会”中负责远东战线文化财产保护的成员有沃纳等七人，而地中海战线为三十八人，欧洲战线为一百八十六人，编制了四十本目录。有关日本文化设施的目录共三十一页，附有京都、奈良、东京的略图，被称作《沃纳手册》，于 1944 年 7 月 24 日初版发行。《沃纳手册》并非沃纳一人之功，这可能是他坚拒归功于己的原因。

沃纳去世时日本各报齐哀悼，奈良举行追悼会，日本政府颁赠“勋二等瑞宝章”，这是给外国人的最高荣誉。所以，恐怕日本人不会听仨俩中国人一说，就“朝野得知了京都、奈良大量国宝文物得以保护下来的真实原因，均称赞梁思成先生为‘古都的恩人’。与此同时，成为这一具有世界意义的工作仅有的参与者的罗哲文，也赢得了京都和奈良人民的尊敬”（语见《人物》）。无须调查，我也敢说某清华大学教授所言，奈良人铺红地毯迎接罗哲文，以示感激（语见《中国经济时报》），不过是关起门来说瞎话，自个儿哄自个儿玩。说来日本人对此事已不大关心，从他们的言行来看，挨了原子弹的广岛、长崎更别有价值。

除了皇宫，列入《沃纳手册》也未必不炸。1945 年 5 月 10 日至 11 日美国第二次开会研究往哪里扔原子弹，首选就是那京都，继之为广岛、横滨、小仓。京都地处盆地，原子弹尤能施威，而日本文化集中于此，定然吃不消，早早无条件投降，结束战争。陆军部长亨利·史汀生予以反对。日本人自作解释，说他战前曾两度来日本，参观过京都、奈良，对古寺等留下深刻印象，不忍心毁灭日本文化，因此也有人认定史汀生才是大恩人。京都几上几下，最终被拿掉，列入毁灭名单的是广岛、新潟、小仓、长崎。横滨免了原子弹，十多天后便惨遭 B29 狂轰滥炸，原来不进行大规模空袭是为了保持原状，以便观察原子弹爆炸的威力。

事情才过去六十年就语焉不详，可见认知史实之难。人们喜欢给伟人编造奇闻逸事，虽足以添彩，却终归是海客谈瀛洲。陈舜臣毕竟是历史小说家，既不姑妄听之，也不听风就是雨，说“既然是正式委托，应记录在案，过一定时期会公开，那时我要调查一下”。他好像不知道二次大战期间的档案早就开始解密了。美国往长崎投原子弹，事先知道那里有俘虏营，关押二百多名美国人，还有他国的战俘，这件事也因档案解密而大白于天下。

刘备摔孩子

有句歇后语：刘备摔孩子——刁买人心。日本人熟知三国故事，应该能想到此话是来自“赵子龙单骑救主”。他单枪匹马，出生入死，把刘备的儿子，就是那日后乐不思蜀的阿斗，从曹操大军的铁围中救出来。刘备接过，摔到地上，说：为了你这小东西，险些丧我一员大将。有相声“歪批三国”，说刘备两耳垂肩，伸手过膝，略一弯腰就把孩子搁在了地上，何摔之有——所以，刁买人心也。

中国人对刘备的印象一向不大好，认为他假仁假义，就好像日本人一丝不苟的礼仪。辜鸿铭说过，日本人的礼仪是一朵没有芳香的花。在《三国演义》里，“携民渡江”把刘备的仁义表现得淋漓尽致。曹军在后面追，刘备拖带十几万百姓，数千车辆，坛坛罐罐，只能日行十余里。有人进言丢下百姓，加速行军，刘备哭着说：思举大事者，必以人为本，怎么能怕拖累呢？对此，有诗赞曰："临难仁心存百姓，登舟挥泪动三军。至今凭吊襄江口，父老犹然忆使君。"当时的结果却是被曹操的五千铁骑追上，刘备全靠了张飞的丈八蛇矛才逃得性命，身边仅剩百余骑。如此惨败，难免不气得摔孩子。

由此想到礼仪繁杂得令人不快（辜鸿铭语）的日本人，想到司马辽太郎。他在随笔集《历史中的日本》中反复讲述二十多岁时的经历。那是太平洋战争败局已定的1945年初夏，司马从军的战车队从满洲撤回日本，驻扎在栃木县佐野，保卫关东平野。一日，大本营来了一位少佐参谋，战车队军官问他："我们部队的任务是，一旦敌人从东京湾或者相模湾登陆，就急行军南下，在水边歼灭敌人。可是，敌人一登陆，东京百姓拖家带口拉着板车往北逃，道路必然很混乱，那时候我们的八十辆战车进退维谷，赶不到战场，该怎么办？"少佐参谋不假思索地回答："轧过去。"因为"为了天皇陛下，别无选择"。司马是小头目，率领着四辆战车。亲耳听见这句话，暗下决心：到时候就来个战车出故障。

我相信他一定会这样做。

司马辽太郎是反战的。至于理由，他认为日本跟美国打仗是拿着鸡蛋撞石头。他是历史小说家，小说、随笔、纪行等作品丰富多彩，但身后被纷纭议论的，不是司马文学，而是所谓司马史观。

诸神的学历

关于大陆流行的民谣，据我所知，海外有几种出版，好像都是出国在外的大陆人采辑的。两三年前日本人也汇集过一本。作者虽非“采诗之官”，却似乎也不无“以闻于天子”的念头。我以为，民谣作为俗文学欣赏蛮有趣，尤其是荤腥的，可以助兴，可以佐酒，也可藉以泄怨气。说不定当今为政者也用来“观民俗，知得失”，笑声轰然。

唯物主义者最爱讲历史规律，自身的历史当然也要被规律一下。历史规律之一是强扭的瓜不甜，例如提拔干部讲年轻。为何提倡，为政者并不讳言，为的是政权万岁万岁万万岁。把一代两代隔过去，或许有爷爷爱孙子的常情，但主要是出于腌白菜、熏火腿的经验——早早提拔起来，在制度里混久了，鞣以为轮，虽有槁曝，不复挺也。受益者自然是捍卫者。轻车熟路，既得利益者利用现成的制度，其精明可能比昏庸更可怕。不过，如今年轻人多是唱二花脸，一边媚上，大把大把地捞着，一边冲台下做鬼脸，以示自己的明白。他们在台上看主角，一定比台下的观众看出更多的破绽。

提拔干部还要讲知识，而知识的尺度不外是学历，即大学文凭。子曰“学而”，下面既可以接“时习之”，也可以接“优则仕”。学而时习之，乐在学习本身，这样的学习才能提高整个民族的素养和情操。但千百年来奉行的是学而优则仕，学习是手段，目的在当官。学而时习之不亦乐乎，那语气似乎本来就含着当不上官只好以学习为乐的无奈。当官是一种生活方式，无可非议，但成为学而优的追求和终结，无论干什么，最终衡量社会地位的标准是当官，过去不出科学家也就不足为怪。干部知识化，往往变成了知识干部化，因而至今科学家头衔不足贵，要弄个代表或委员才算有地位有名声，甚至才算被承认。听说英国20世纪政治史上最年轻的首相梅杰没有学历，父亲是马戏团演员，他本人连高中也未念完，在建筑工地上干过苦力。这种事情可能在曾经把“卑贱者最聪明”喊得震天响的中国已属于不可思议了。其实，政治界倒有点像体育、演艺，具有不需要学历的一面。

日本是典型的学历社会。前些日子有两位大妈在媒体上打得不亦乐乎，挨打的是棒球教练的夫人。老公有成绩，鸡犬升天，夫人也跟着大出风头，甚至被拉去竞选议员。对手颇有点揭老底战斗队的气势，揭发她的学历是假的，闹得满城风雨。学历上弄虚作假，在国会议员当中时有发生，小渊内阁的前任官房长官也诈称过学历。为什么伪造学历呢？因为世间有一种学历信仰，一纸学历是能力和信用的保证。日本教育水准高，基本普及了高中教育，将近一半的人念大学本科或专科，已形成大众教育社会。对于他们来说，上一流中学、高中，升一流大学，然后进一流公司，人生就是幸福的。关键是大学，大学的牌子决定人的一生。所谓学历社会，实质是“学校历”社会。国会议员百分之八十五是大学毕业，年轻一代已没有没读过大学的了。就毕业的学校来看，前三名依次是东京大学、早稻田大学、庆应义塾大学。议员是选举的，可见“学校历”主义在选民当中根深蒂固。我们考察日本历史，研究日本社会，往往有一个成见的前提，那就是教育水准之高，但事实上，曾经像神一样左右日本历史进程的人物很多都没有可观的学历。注意这一点，有助于揭示所谓的二重性现象或暧昧现象。此类人物，用大相扑比赛的用语来说，东西两横纲，是田中角荣和松下幸之助。

松下幸之助被推崇为经营之神，有人问他成功的理由，答曰有三：一是穷，二是没学历，三是体弱多病。松下开创的终身雇用是战后日本式经营之始。日本的公司本来是随便炒鱿鱼的，但松下在经济不景气的时候宁肯生产减半也绝不裁员。半天工作拿全天工资，令员工感激涕零，人人争当推销员，休息时间全用来推销积压的库存，渡过了难关。这种近似社会主义大锅饭的经营方式是实力主义的绊脚石，在泡沫经济崩溃之后惨遭批判。日产汽车公司自己跳不出窠臼，就请来老外当杀手，大举裁员。

田中角荣大概是我们中国人最熟知也最有好感的日本政治家。他初次当上大藏大臣时召集官员们训话：我是田中角荣，高小毕业。诸君全都是秀才之中的秀才，财政金融专家，而我是门外汉，但吃的盐多，过的桥多，知道点工作的门道。一起干工作，关键是互相充分了解。希望谁都别客气，到我的办公室来，随便说什么，不必得到顶头上司的许可。能干就干，不能干就不干，一切责任由我田中角荣负。他的政治哲学，一言以蔽之：民主是数，数就是钱。战后时代的总理均毕业于名牌大学，唯独田中是农家出身，没有响当当的学历，但他是现代政治的原点，至今仍活在日本人心目中。

与井深大携手创业的盛田昭夫写过一本书，名为《学历无用论》。他说：仅仅数年的学校教育，作为其人的招牌，以后几十年都通用，岂非咄咄怪事。要解决考试地狱的问题，修改教育制度也没用，必须改变偏重名牌学校的社会。传闻井深大当初投考东芝公司落第，另寻出路，创办了索尼公司。

他若进了东芝，日本就会少多了“Made in Japan”的骄傲罢。盛田在1966年春天呐喊：烧掉学历。此后，索尼的所有档案都抹去学历记载。文凭不等于知识，更不等于能力，虽然也能给庸人带来机会，但最终只会证明他是一个庸人。

数风流人物，没有学历的战败后日本之神，还可举出当今日本最大的宗教团体领袖池田大作、社会派推理小说鼻祖松本清张、相当于金庸的大众文学家吉川英治。大宅壮一有传媒帝王之称，曾考上东京大学，但几乎从不去上课，后来退学，没拿到文凭。有趣的是漫画之神手冢治虫，岂止有学历，而且是医学博士，但环绕他周围的漫画众神全都是中学毕业生。

慈禧和平奖

森田良行专攻国语学，枯燥的语法问题到他笔下就生动起来，可当作闲书卧读。日前在书店又看见大名，毫不迟疑地买回家，书名是《日本人的发想　日本语的表现》。其中写道："语言不同，语法和音韵则有异，这是当然的，但在这样的形式问题之前，以其为母语的人的想法或思考方式本身往往可见明显的差异。"这位在北京、上海讲过学的早稻田大学教授以看望病人为例，比较日本人和中国人的思考方式之不同。

中国人对病号说：哎呀，你脸色很不好，单位的事有我们，你就安心养病罢——这番话要是说给日本人可不得了，会以为公司不用他了。确实，中国人通常不会像日本人那样想，因为吃的是大锅饭，当年还没有炒鱿鱼或下岗之虞。也许日本人听来冷冰冰，中国人却非常感动，那正是为对方着想。

日本人是这么说：看上去挺精神嘛。听说你住院了，真教人担心。你一休息，工作就搁那儿了，大家都挠头。快点好罢，好让我们安心——天南地北，不论哪里的中国人听了这番话都会觉得不通情理，心里要暗骂一声。

森田教授从探病事例得出一个结论：中国人以对方为中心做可观判断，而日本人当作落到自己头上的问题被动地接受——你病了，不上班，教我们很为难，所以你要赶快好起来。似乎可怜的不是病人，反倒是我们，我们被你给病了一家伙。这就是独特的“被害者式思考方式”。

日本人说话惯用被动式，梦呓也不例外，这种被动产生于说话者的视点。正好有两个人并排站在那里望天，一个是中国人，一个是日本人。中国人说“下雨了”，好雨知时节当春乃发生，虽然杂了些感情，但毕竟是客观描述，至于自身如何，那是下一步考虑的问题。用森田良行的话说，中国人“把身外发生的事情作为身外之事客观地眺望，以外在的主体为中心来把握”。“日本人的思考方式恰好相反，把外在主体的行动和状况联系到自己身上，那会怎样影响自己，以自己为中心，作为从自己这边看见的身外对象来描述”。一事当前，先考虑自己身受其害，就要说“被雨下了”。住居旁边建起高楼，就要说“被建起了高楼”，因为那高楼侵犯他的日照权。日本人素有工作狂之誉或之讥，但心里又何尝不想玩，但你去玩，周围的人就会用被你玩了的感觉来对待。被动式地活，就活得慌慌张张，说起话来含含糊糊。日本人以“我”为中心，一切从本身的视点和立场出发，所以森田的这本书还有一个副题——“我”的立场决定话语。我读了觉得，并非像传闻那样日本人说话处事总顾及别人，怕自己给别人添麻烦，恰恰相反，他们怕的是别人给自己添麻烦，怕招惹麻烦。

关于思考方式的异同，我也想到一个例子，就是广岛和颐和园。日本人几乎都知道中国的颐和园，中国人几乎都知道日本的广岛。颐和园是旅游胜地，日本人不绝如缕，是去看园子。中国人之所以知道广岛，不是因为天皇御驾亲征，那里曾是日本发动侵略战争的大本营，而是因为世界第一枚原子弹落在那里，死了不少人。广岛整个是一个“被动式”，“被害者思考方式”大获成功。原子弹爆炸残迹于1996年列为世界遗产，居然叫作“广岛和平纪念碑”。不知这和平二字的由来何在，倒像是篡改历史，嘲笑胜利者。

相比之下，中国人对于颐和园的处理就过于“客观”。近年来帝王将相占领了小说、电视，西太后也大出风头。写到颐和园，必写她挪用建海军的银子，罪大恶极。顺着“驱除鞑虏，恢复中华”的思路，不论多么漂亮的脸蛋来饰演，西太后也只有挨骂的份儿。传闻毛泽东说，建了海军也只会打败仗，还不如盖个园子留给人民受用。史学家不过是以百姓之心度帝王之腹，哪里摸得透历史。宁赠洋人，不与家奴，这就很有点国际主义精神，和勒紧百姓的裤腰带支援这个兄弟那个战友，异曲同工。何必老是说甲午战败，耻恨交加，不如宣扬我大清慷慨解囊，两亿三千万两白银使小日本在亚洲先富起来。战争赔偿不要了，不也是说免得人家老百姓吃二遍苦、遭二茬罪吗？学一点广岛式思维，很有必要。

开拓新思路，不要再怪罪西太后。那老太太不搞军备搞花园，分明是一位和平主义者。老外游颐和园，咱就给他们讲这园子是和平的象征，西太后作为绿党，早应该荣获和平奖。要不，干脆设一个慈禧和平奖。奖杯嘛，一个圆明园断柱的雕塑，白银的。但别像诺贝尔和平奖，用的是死人名字却只奖活人，老家伙进了地狱还要用奖金的无烟火药教世界不得安生。

燃一根火柴

天青日朗，到龟户天神社看梅花。浮世绘师歌川广重画江户百景，其一为《龟户梅屋铺》，曾被后印象派梵高用油画临摹，令日本人大为骄傲。梅屋铺是一家和服商的别墅，早已荡然无存，如今龟户那里当作赏梅胜地的是这天神社境内。

看罢红梅白梅，瞥见角落有一块“清水诚显彰碑”，凑上前辨认，原来是日本火柴的元祖。

小时候我家把火柴叫洋火，后来灭资兴无，凡事不许带洋字，改口叫火柴。似乎唯洋气一词不曾被反掉，以洋气为美，于今尤烈。上世纪 80 年代初，一些燧人氏后代得风气之先，从日本带回来火柴，精致而好用，足以当礼物。再过些年我也东渡，才知道酒馆旅店大都备有自家火柴，用来做广告。顺手牵羊，年复一年竟积攒了许多。

往事越百年，王韬东游，曾参观火柴厂，在《扶桑游记》中写道：“或谓之火寸制厂，盖即自来火，粤人呼为火柴。其所制实为一大利薮，于日本国中推巨擘。屋宇广深，工作八百余人，妇女居多。截木作条，车凡十架。熬煮硫黄炉灶悉用西法。暂入一处，已觉不可向迩。制匣装储，悉以女工。运售于香港、上海，年中不知凡几。去岁曾罹回禄，焚毁二厂，今尚为荒土。劝业博览会特禀于官，畀以凤纹赏牌。主人清水诚曾赴法国博览会，往游瑞士，购新法器具而归，故事半功倍也。”

他记述的正是这位碑主。

1878年7月清水诚受大藏卿大隈重信之托，赴欧考察糖业，并参观瑞典火柴厂。那时安全火柴刚发明不久，极为保密，他煞费了不少心机才得以进厂走马观花。王韬记为瑞士，不确，也许是手民之误。清水诚于翌年4月回国，而王韬5月到日本，二人前后脚。清水诚是1875年开始造火柴的，兴办新燧社，产品在日本第一届劝业博览会（1877年）上获得凤纹赏牌。1878年9月首次卖到上海，是为日本火柴出口之始。有一个清朝商人叫广骏源的，身世不详，也曾在神户建厂生产火柴。1888年清水诚取得书式火柴的专利，而我是百年之后才见识这种火柴。火柴厂一哄而起，竞相输出，以致粗制滥造，甚至擦不燃，在这种混乱中新燧社倒闭。还记得上世纪六七十年代，宁长社会主义草，不要资本主义苗，火柴也按户配给，那火柴常常擦不燃，看着替吸烟人着急。后来看到好莱坞电影，只见牛仔把火柴往马靴上一擦，噗地就着了，觉得很好玩。清水诚死去的1899年，日本火柴占据中国市场近八成。20世纪初，日本与瑞典、美国并称三大火柴生产国。

日本把火柴叫“码个齐”，来自英语，用汉字写作“磷寸”。1893年有家股票商在宴会上散发火柴，据说这就是广告火柴的滥觞。如今火柴的基本功能被打火机之类的发火器取代，几乎只剩下广告之用。制造广告火柴是日本的擅场，有世界上最多的品种。5月12日为火柴日，缘自1869年这一天清水诚从横滨乘船去欧洲留学。

擦燃一根火柴，不耀眼，不烤人，火焰真是美，卖火柴的小女孩便生出幻觉。野坂昭如很有点黑色幽默，套用安徒生童话的题目写了个短篇小说，不过，译作《卖火柴的女人》更确切，因为女主人公阿安已经二十四岁，而且看上去像五十岁。童话小女孩失去了母亲，在火柴的光焰中看见祖母；而阿安追恋父亲，乃至不觉得自己在卖淫。她染上梅毒，变得丑陋而污秽，活命的法子是一个铜板擦燃一根火柴，给醉鬼流浪汉看私处。寒夜，在癫狂中擦燃火柴，烧着衣物，她像一根火柴杆，整个燃烧了。

石川啄木有一首和歌，吟咏了擦燃火柴，在二尺宽的光亮中掠过白蛾。更有名的是寺山修司的那首，收在 1958 年出版的和歌集里，大意是擦燃火柴，片刻之间，海上雾茫茫，有值得舍身的祖国吗?

王韬游玩三个月，给艺伎写了不少诗，却不咏杂事。百余年过去，我来代作一首，云：

一头燃尽不阿身，亮似明眸暖似唇。
燎到指尖难御冷，照了眼下更迷津。
纵歌当纵千杯酒，偷火先偷一寸磷。
万里归帆何所事，烟灯袅袅话东邻。

于无形处见道德

cào——

友人嘴里不时发出这个音，类似日本语的促音，短促、低沉而有力，喷薄着情绪。情绪可以是兴高采烈的，也可以是横眉立目的，这是一个万能的音响。别人听在耳中，感受其情绪，不理睬它的含义。可是，要想用汉字写将出来，大犯其难。皇帝富豪学者庶民每日里频繁驱使的常用语，原来只可闻其声，不可观其形。

小说家走笔至此，每每用“操”字代替，不露形迹，以免一写就俗。或代之以 ×，明眼人了然于心，不以字传，开电视画面障眼法之先河。或“日”，或“入”，唯独不许用“入肉”，因为一旦组成形状，便具有象形字的魔力，一个字抵得上一幅春宫图，男人就可能像鲁迅说的，顺着臂膊一路想下去，甚而“硬邦邦地就要戳人”(《红楼梦》语)。中国人抽象思维向来不济事，或许就是受象形字拖累。虽然，也亏了象形字，谁都不曾学过这个字，捧读《红楼梦》却人人认得，没听说有男生把女教师问个大红脸，危及师道尊严。

同样的汉字，中国人观其形，日本人听其音，各有所偏。日本原来没文字，拿来汉字，例如“波”和“流”，用这两个字的发音来记录他们的土语“春”。但取其音，不用其形，所以日本人当初就不在意汉字的象形。此法也并非日本人发明，中国史籍《三国志》说高句丽人把城叫作“沟娄”，用的不正是这种表音方法么？“波流”，我们看见这两个字，也许想到一江春水什么的，但日本人不大会望字生义，有点像色盲，看不全形、音、义三色。和日本人聊天，遇到听不懂的词语，中国人请求写出来，所谓笔谈，但现在年轻人每每提笔忘字，说到写不到，依赖平假名和片假名。单用其表音功能，汉字好似聋子的耳朵，不被假名取代才怪呢。不过，他们一方面贪图假名的简便，另一方面毕竟仍属于汉字文化圈，又回归原始，漫画异样地发挥象形字功能。

我们一色用汉字，如秦砖汉瓦，码成严丝合缝的长城，读得人喘不过气来。日文是汉字与假名相间，疏密有致，读起来有喘息的空当，就比较轻松。我曾想，与其用同音字替代，不如打破几千年的象形情结，像日本用假名标注汉字那样，在正文里利用拼音。北京人讨厌“鬼”字，给一条街改名为“簋”街，这簋不是那鬼，恐怕市民多数也未必认得，却不见报纸给标上拼音。关于青铜器的文章发表在大众报刊上，作者或编辑却偏让读者看着那些古怪的器名犯傻。这恐怕是自古以来的习惯。文章多生僻字，那才显得有学问。遇见不认识的字就去查字典，那才叫好学。可是，读报时谁手边还放一本字典？在如此紧张的时代，谁有那么多时间去查找字典？中国人经常念错字，大都是望形生音的习惯造成的。我见过日本一些大小作家的手稿，他们就富有服务精神，走笔为文，特意给一些难读的汉字标上假名，以示读音，让读者能看在眼里，读在心里。常听中国人赞叹人家商店饭店服务好，却未曾领略整个日本文化内含着服务精神。电视手机新干线，中国很快就赶上乃至超过日本，但这种服务精神，源于民族性，很可能永远地望洋兴叹。

中国人聪明，对于一些有碍齿舌的词语还采取省略式，例如国骂“他妈的”，前后略掉了动词和名词，连装扮入时的女孩也朗朗上口。倘若往狠里骂，就把它全副武装，像日语的敬语一样越啰唆越上层次。或者采取暧昧式，例如“鸟”，大家装糊涂，从来不当众读 diǎo。不过，把日本作家椎名诚的小说《中国鸟人》照字面搬过来，这个“鸟”可要读 niǎo，因为他讲的是云南深处有人要像鸟一样飞翔空中的故事。

天空现出鱼肚白

好多年前就听说，移住欧美的中国人用当地语言写小说并获奖。日本凡事慢三拍，最近终于把一项小说奖（芥川奖）奖给了久居日本的中国人，被称作“文学史事件”。三大报之一《每日新闻》有这样的评述：“作为‘越境者文学’，魅力在于其独特的比喻。‘喝西北风过日子’、‘天空现出鱼肚白’等直译中国惯用句似的写法令人感受到日语从来没有的魅力。”大概这意思，譬如翻译日本小说，其中有日本惯用句“趁舌根还没干”，不译作言犹在耳什么的，而照搬过来，或者再做点加工，译成趁唾沫星子还没干，便生动了我们的语言表现。

听说中国出版人跃跃欲试，要把获奖作品翻译来，衣锦还乡。“喝西北风”、“鱼肚白”之类如若再直译，算日本原装呢，抑或出口转内销？中国人读了将作何感想呢？为文学计，似乎变通一下为好。譬如日本作家恬然使用了“智者千虑，必有一失”，译家就要费点工夫，替他换一个日本所独特的说法，例如“猴子也会从树上掉下来”。不然，在日本运用外来惯用句应该是颇有学识，可媳妇回到了娘家，也许就平庸无奇，弄不好更有第一个形容女人像花的是天才，第二个是傻瓜之嫌，读者就看低了原著的档次也说不定。

“猴子也会从树上掉下来”，这个谚语在日本很常用，跟我们平常说喝西北风差不多。村上春树有一个超短的小说叫《谚语》，整篇就磨叨“猴子罢，总之猴子掉下来啦，可不是扯淡，当真猴子在树上掉下来啦”，感叹昔人了不得。同样的意思还有个“弘法大师也有笔误”，我们把这些谚语用惯了，兴许跟趁热打铁、狐狸吃不到葡萄说葡萄酸一样，就像是自己创作的，也成为套话。

“越境”的说法是日本人爱用的。日本的惯用语、谚语、熟语不少从中国越境而来，早已经用得浑然不觉。惯用语是一种比喻，而谚语大多是教训。成语与谚语本来有雅俗之别，但是被眉毛胡子一把抓过去，成语也变成谚语。多数成语失去了原形，缺胳膊少腿，便呈现“不完整美”。日本有所谓四字熟语，例如“一日三食”、“满员电车”。不曾把语言革命进行到底，利用汉字不完全，所以四个字连成一串不容易，大概就觉着有趣，现今借计算机之力，编造四字熟语也成了流行游戏。

江户时代长达两个半世纪，人分四类，士农工商之中武士是领导阶级，他们的文化是儒教所系的汉文化，阳春白雪，不大会拿来中国民间的俗语常言。而闭关锁国，工商人等窝里乐，创造下里巴人的市人文化，像我们东北人猫冬丰富了俏皮话一样，谚语如雨后春笋一般土生土长。近来日本有江户热，热的是这种市人文化。“一石二鸟”很像成语，其实是明治初年从英语翻译的，战后用开了，可译作“一箭双雕”。就这个意思，科特迪瓦的谚语很有趣：大象喝水，同时洗鼻腔。隋唐史籍里已经有“一箭双雕射碧空”的事迹，为何日本人没早早把这个成语拿来呢？最近读《日本的谚语　中国的谚语》才心下豁然，原来是因为大和民族并非狩猎民族，而且向来不大有一举两得的侥幸心理。作者陈力卫专攻日中语言交流史，此书的副题为“理解两国文化的差异”。谚语是民族历史、风俗、思维的结晶，用来做文化乃至人类学研究再有趣不过了。比如跟日本比较，我们骂当官的谚语明显多，可能是官僚制度异常发达的结果。一说到日本就情不自禁地回溯历史，这几乎是中国人的宿命，而俄语同声传译家、随笔家米原万里病逝后出版的《他谚空似》采集俄国及其他国家的谚语，藉以议论时事，意在警世。以前还读过一本《谚语的逻辑》，作者外山滋比古的专长是英文学，不仅比较日英，也注重从各民族谚语的异曲同工探究人类的共通心理。

日本历史上有一个叫小野小町的美女，甚至被他们列为世界三大美女之一，但类似情人眼里出西施的谚语，他们却说是“个个杨贵妃”，可见中国文化影响之深。近些年中国打开了门户，日本词频频传进来，如人气、职场、完胜，或许因为是汉字，咱们本家用起来满不在乎。虽然我们的出版家已走遍世界，谚语惯用语之类的词语却好像没怎么走进日本。文学家开高健在世时欣赏马马虎虎的活法，提议日本用这个词，似不见成功。还有位权威人士认为中国人创作的电脑一词好，而日本人的汉字造语能力今非昔比，只能继续用假名外来语。现在借文学之力，他们终于又感受到中国词语的魅力，真像是天空现出鱼肚白。

算算友谊账

中国与日本于1972年恢复邦交，郭沫若填词一首，有云："赤县扶桑，一衣带水，一苇可航。昔鉴真盲目，浮桴东海；晁衡负笈，埋骨盛唐。情比肺肝，形同唇齿，文化交流有耿光。堪回想，两千年友谊，不等寻常。"所谓"一衣带水"，作诗无妨，若拿到实际中，恰恰用不到中日两国之间，不过是套近乎罢了。正因为有大海阻隔，唐玄宗"矜尔畏途遥"，才特许日本二十年一来朝。日本中断遣唐，蒙古铁蹄遭灭顶之灾，不都因风波险恶，何曾是"一苇可航"呢？说友谊长达两千年，真不知这笔账是怎么算的，交流未必就留下一部友谊史。其实，这两千年历史，除了有几个和尚是不辞风险来传教之外，对于日本来说是一部留学史，对于中国来说几乎是亡命史。

要说两千年的开篇，据《日本书纪》记载，是神功皇后挥兵越海，入侵朝鲜半岛上的新罗、百济、高句丽。当时她有孕在身，把一块石头缠在腰间，用冷却法延缓生产。如愿，得胜班师，应神天皇在九州岛呱呱坠地；天皇家万世一系，据说应神才第一个具有实存性。几处神社祭祀月延石或镇怀石，那就是神功皇后用过的，块头儿不小，若无神力，搬也搬不动。直到被美军占领之前，日本人相信这皇后实有其人，但我们的黄遵宪当明治时代即一笑置之，有诗为证："狐篝牛柩善愚民，百济新罗悉王臣。腰石手弓亲入阵，浪传女国出神人。"

不论神功皇后的三韩征伐是不是史实，日本人身上却自古揳入了霸占朝鲜半岛这根筋。丰臣秀吉尚未彻底统一全国，就开始盘算出兵朝鲜、占领中国，这也是他的前辈织田信长的梦想。公元 1591 年 9 月，秀吉写信给菲律宾的西班牙总督，说日本百余年来战争不断，他诞生时出现治天下的奇瑞，及长，果然十年便统一全国，朝鲜、琉球等远邦异域也顺从。现在要问鼎大明国，此乃天授。菲律宾尚未进贡，来春必须遣使到肥前名护屋，晚了就兴兵征讨。所言奇瑞，是老娘怀他时梦见日轮入怀，看来那时候并不把太阳只奉为天皇家祖神，鸟皇帝人人做得。肥前名护屋在今佐贺县，与朝鲜半岛隔海相望，翌月在此筑名护屋城，集结大军。秀吉视朝鲜为日本属国，指令朝鲜为“征明向导”，但使节明白朝鲜不可能从命，便擅自改称“假途入明”。丰臣秀吉甚至把关白的职位让给了外甥，自己退为太阁，专念于侵攻大陆。在他眼里，大明不过像处女，凭日本弓箭征服简直是大山压鸡蛋。九路兵马渡海而来，直捣汉城。秀吉坐镇名护城，得意忘形，指示日廷准备天皇入主北京，他本人是打算定居日明贸易港宁波。日军残暴至极，掳掠朝鲜人当土特产馈赠亲友。朱子学家姜沆也在俘虏之列，藤原惺窝受其影响，得以成近世儒学鼻祖。说到日本陶器，足以骄人，其实，萩烧、有田烧、萨摩烧等无不出自朝鲜俘虏之手，而朝鲜的白瓷却由于工匠流失而式微，真可谓“文化交流有血光”。

虽说明神宗治下中国开始走下坡路，但总算打败日军，解救了朝鲜，于是，奉天承运皇帝制曰：“尔丰臣秀吉，崛起海邦，知尊中国。西驰一介之使，欣慕来同；北叩万里之关，恳求内附。情既坚于恭顺，恩可靳于柔怀。兹特封尔为日本国王，赐之诰命。”就这一段史实，黄遵先写道：“丰臣秀吉攻朝鲜，八道瓦解，明误听奸民沈惟敬言议和。授封使者赍诏至，秀吉初甚喜，戴冕披绯衣以待。及宣诏至，‘封尔为日本王’，秀吉遽起，脱冕抛之地，且裂书，怒骂曰：我欲王则王，何受髯虏之封。且吾而为王，若王室何？复议再征高丽。”1597 年 1 月再次出兵，翌年秋，这个“黑面小猴”（黄遵宪语）病故，匆匆撤兵，结束了长达七年的侵略战争。此后德川幕府统治日本二百六十年，闭关锁国，与中国相安无事，统统算进友谊账。

江户时代有儒者叫小野招月，写诗斥责丰臣秀吉入侵朝鲜："忽向鸡林放虎狼，丁男屠尽及孩婴。东海旧称君子国，不知此役命何名。"

首都

徒剩美名富士见，长龙掣电过荒川。

几多精卫逞人力，屐下桑田犹不宽。

打油诗一首，咏东京，日本国首都。

近来东京街头贴了一幅宣传画，可谓“摄影漫画”：都知事石原慎太郎一手卡腰，一手倒竖大拇指，表示反对迁都。

在东京住了十多年，许多地方都不曾去过。想当年初来乍到，几乎逢站就下去看看，那份热情和兴致不知不觉已丧失殆尽。到处都差不多，可想而知，不过尔尔，懒得再亲口尝梨子。东京有不少地方叫富士见，就是说站在那里能望见富士山，现而今高楼蔽日，一般都难得看见了。1923 年发生大地震，东京几为平地，有人写打油诗：骏河町，能看见广重看见的富士了。广重是浮世绘名手，他画的富士山是从骏河町的日本桥上望见的。如今我们见识的东京基本是1964年东京奥运会以后的面貌。

皇宫在哪里，哪里就是都城。东京作为首都的历史只有一百多年。古代天皇即位，为摆脱旧政治势力，振奋人心，总要把皇宫搬迁。公元694年引进中国的都城制度才停止了这种折腾。定都京都，长达千余年。东京本来叫江户，是幕府所在地。1867年10月第十五代将军德川庆喜见大势已去，把德川家执掌了二百六十五年的大政还给了天皇。翌年，“维新三杰”之一的大久保利通敦促天皇走出深宫禁苑，“巡行国中，抚育万民”，提出迁都大阪。他利用天皇巡幸之机，施行了一系列改革。9月，明治天皇第一次巡幸两个月前刚刚改称的东京。1869年3月天皇再次巡幸东京，从此不归，东京就渐变为“帝都”。天皇后来也多次巡幸地方，安抚人心。

黄遵宪说日本“风俗，则都邑以轻佻豪侠自喜，流于侈靡，惟僻邑犹存朴实之风”。近来书店里多了描述“日本并非均一”之类的书籍，像中国一样，一方水土养一方人，他们也是各地有各地的禀性。我们感受的日本人气质可能主要是东京人的。电影《男人真命苦》里的主人公寅次郎是保留江户人特色的典型人物。今天东京人多是极冷静的合理主义者。他们讨厌干涉别人，也讨厌被人干涉，善于接人待物，但独处时往往封闭在自己的世界里。从地方来东京的人觉得东京人冷淡，不知道最新流行就要被看作乡巴佬。其实，现在东京是五方杂处，“老东京”已经是少数。“新东京人”有三个特性：从地位看人、爱存钱、信息灵。

东京是日本的首都，但根据地方自治法，是与其他的道、府、县同样等级的自治体，所以不会像我们的北京那样特殊，天子脚下，宰相门前，凡事打头，预报天气也先于各地，把小小老百姓养成大大坏脾气。由于“一极集中”，东京已拥挤不堪，因此又有了迁都之议，不少地方都争当首都，以致石原慎太郎当上东京都知事就贴出那幅宣传画。来去匆匆，越过攒动的人头瞥一眼，觉得那姿势很有点无赖，不由得想起那个小说《太阳的季节》，挺起男根戳纸屏，使他一举成名……

话起萧墙

游东京的银座，帝国饭店附近的街头立有一块导游板，画的是江户时代江户城周边示意图。字太小，看起来费力，幸而东京人早已不像江户人那么爱当“野次马”围观，可以孤独地看下去。原来这一带当年主要是几个藩主的大宅院，眼前便仿佛出现了壮观的墙垣，这种悬想则来自江户博物馆里展示的武家宅邸模型。

日本人拿来中国的汉字，大概是因为自家事物远没有那么丰富，只好把同类词训读为一，如垣、埤、堵、塀、墙、篱、藩、墉，读法相同，后来学会了修墙，修得千姿百态，这些汉字都派上用场。墙字当初指谷仓外壁，本来由丬与啬构成，丬是用于筑土的夹板，啬是谷仓的象形。现在日语常用的是“垣”，或者叫“垣根”，似乎常用来指竹篱树栅。屏字，加上土字旁，是和制汉字，或曰“土塀”，或曰“板塀”，可知是土墙、板壁。

中国爱修墙筑城，恨不能把四海之内都圈将起来，虽然终究是“不知祸起萧墙内，虚筑防胡万里城”。过去有军区大院、省委大院之类的说法，一墙之隔，里面是我等平民子弟做梦也梦不到的世界。天下多贼，对于中国人来说，围墙的第一要义仍然是防盗，好在也开始顾及环境了。与中国人相比，日本人自古对垣墙的重视有过之而无不及。陈寿《三国志》记载：女王卑弥呼的宫室设有“城栅”，森严戒备。古时候宫殿也常用垣取名，如瑞籬宫、柴垣宫。我们说四海之内，而《日本书纪》称日本是“玉垣之内”。《万叶集》《源氏物语》里面也常见垣，多种多样。钦明天皇在位的538年，佛教传来，也传来了佛教建筑技术，用板筑墙，顶上葺瓦，叫“筑垣”，后来叫“筑地塀”。垣或塀是身份的象征，讲究门楼漂亮，墙壁牢固。江户时代人分士农工商，武士居首，虽多数是穷人，但院墙不可少，便往往金玉其外败絮其中，与墙外相比，墙里的住房则过于简陋。围墙不仅有防备之用，也可以藉以遮掩穷相。好酒甚于吃饭，筑墙修院甚于建房，是武士的习性。农民没什么怕偷的财产，植一排灌木为界便足矣。垣始终是贵族、寺院及武士阶层的设施，在庶民中并没有普及。离成田空港不远的佐仓有小江户之称，是日本保留武家宅院最多的地方，院墙的特色是垒土为基，上植灌木，既遮人眼目，又令人悦目。整洁而幽静的小城萩是吉田松荫的家乡，白色的“筑地塀”夹出一条长长的小路，真可谓“风景线”，恍如走进了江户时代。茶道追求的是清寂简素，垣亦有道，多用竹木，有真、行、草之说，编排整齐是真，错落有致是草。日本人亲近自然，也好对草木施加人工，压抑其成长。京都寺庙的竹篱柴扉千姿百态，与草庵瓦堂相映如画，又带有禅味。

我们看见的日本，特别是东京，基本是1964年奥运会以后的面貌，不仅外壳变成钢筋混凝土，内里也不大传统了。1978年仙台地震，水泥预制板的围墙倒塌，压死十余人，此后各城镇提倡修树篱，甚至出钱助成。据说与密不透风的土壁石垣相较，树篱能舒缓与左邻右舍隔绝的不安。植根藤蔓攀缘一壁，也有助于减少崩塌的危害，只可惜冬天里落叶，满目萧疏。

火灾

日本当然很现代化，但也颇多顽固不化之处。例如木造房屋，非常爱着火，至今仍鳞次栉比。自 1603 年德川家康开设幕府，至 1867 年德川庆喜把大政还给万世一系的天皇，二百六十年间，打架和着火是江户的最大特色，被称作“江户之花”。1657 年，江户人口约八十万，一场大火烧死了十万六千人。这场江户史上最大的火灾俗称“振袖火事”，原来有一段故事，说是某商家女儿叫阿菊，年方二八，穿了一袭“振袖”（长袖和服）去赏花。路遇一小伙儿，一见钟情，回家就病倒，以至病死。当时的风俗，姑娘家死了，要把振袖送寺庙去，当然商家也照办。振袖后来就进了旧衣铺，被十六岁的女孩买去，穿了就死了。振袖又进了当铺，当死后当铺的十六岁女儿就穿了，穿了也死了。一连三年，同样的日子在同一个寺庙办丧事，真叫人恐怖。家属要烧掉这件不祥的振袖，一阵风起，振袖飞上空中，就烧了江户。

烧了建，建了烧，日本人由此练就了从废墟上复兴的本领。失火后重建，总需要劳动力，所以江户很快变成了人口比纽约多二十倍的世界第一大都市。一旦起火，赤条条逃生，身外之物都化为灰烬，以致江户人不留隔夜钱，对于省吃俭用地攒钱的行状颇有些瞧不起。幕府在防火上动了很多脑筋，如鼓励房顶铺瓦，种植不易燃烧的银杏和梧桐等。大冈忠相是民间文艺中很有名的人物，类似中国的包公，他掌管江户时建立了街道消防组织。火灾是历史遗留的“传统”，防火也形成传统，现在依旧保持着。街坊巡夜，三两个人拎着提灯，敲着木梆（日语叫“拍子木”），声声叫喊着“火的小心”，尤其在冷落的冬夜，小巷灯昏，听来很有点凄凉。每年元月初六在东京湾表演“消防初出式”，鼓乐齐鸣，几艘救火船喷水，消防健儿在梯子上耍杂技，那就好看多了。

救火，最要紧的是一个快字。“才惊警枕钟声到，已报驰车救火归”（黄遵宪诗），何其快也。消防器材也重要，浏览《风俗画报》，1899 年 4 月 5 日号上画有救火的场面：蒸汽泵把水柱射上三楼，真所谓“弥天白雨挟龙飞”。蒸汽泵是 1870 年从英国输入的，因道路狭窄，耗费人力，第二年废弃不用。数年后三四层楼房越建越多，人力的“龙吐水”不顶事，蒸汽泵这才使用开来。东京街头听不到警车叫，令人讨厌的动静，除了暴走族和右翼宣传车，就属救护车，故意张扬“生命的尊贵”似的。好像中国是医院出救护车，而日本依据消防法，救护车配备在消防部门，作为消防业务，以免闲得慌，所以电话呼叫救护车或救火车的号码都是119。

日本很爱搞标语口号，日前又制定了全国统一防火标语，以加强防火意识。据说征集了三万六千余条标语，最后选定一条，像一首俳句：要确认，关好火之后，再做其他事。

警察

骑车巡检来复去，楼底街边置小屋。

最笑女孩能取巧，为学话语问迷途。

来日本十余载，几乎不曾和警察打过交道。中国就不然。中国人命系两处，一处是单位，管着档案，又一处是派出所，管着户口，所以警察从来是管人民的，标语上叫作“警民一家”。

中国讲“警察叔叔”这么好那么好，却像是说着了日本。一般来说，日本警察的敬业精神很值得称道。街上有“交番”，定时交班换岗，负责维持“交番”周围社区的日常生活。早年也叫作“巡查派出所”，1990年代定名为“交番”，据说已收入英语词典。警察官分九等，定员的百分之四十五是最下等的“巡查”。他们骑着自行车到处查看，大事小情，包括醉鬼回不了家也得管。黄遵宪在《日本国志》中记载：“凡行道之人，勿论天灾人事逢急难者，则趋救之；醉人、疯癫人则送至其家；老幼妇女及外国人皆加意维护之。”管事之多，每每叫中国人惊讶，看来已算是优良传统。

东京刊行的中文报纸《中文导报》上登载过一篇文章，说的是日本警察，作者乃侨居福冈的中国人，笔下自然就做了一番中日比较：对于警察，我本来不信任，因为尚记得在国内上大学时，自行车丢了（那年月，自行车可是家庭的“一大件”），急急忙忙拿了自行车证去派出所报案，可等我再去查询，连交上的自行车证都找不到了。在《人民日报》海外版上还读过一篇美国博士的文章，讲美国警察，却是从中国警察落笔：也不知怎么搞的，打小我就怕警察。每当做了什么错事，大人们总是抬出警察吓唬我。在国内几次被警察“涮”，到现在也弄不清楚犯了什么法规。

日本“新华侨”也好，美国“新移民”也好，想来说的都是多年前旧话，如今改过了也说不定，虽然改也难。日本近代警察制度是从法国学来的。黄遵宪据《周礼》“考其职，盖兼周官司救、司市、司暴、匡人、探人、禁杀戮、禁暴氏、野闾氏、修闾氏数官之职。后世惟北魏时设候官，名曰白鹭，略类此官。西法之至善者也。”虽然说了一通古已有之，但并非掉书袋，他主张“欲治国安人，其必自警察始”。黄遵宪对日本的考察和见解，即便拿到今天来说也极为高明。

过去看日本电影，以为“警视厅”就是日本公安部，后来才知道那是掌管东京都警察行政的部门，但警视总监由总理大臣任免，而统辖全国警察行政的中央机关叫“警察厅”。明白了这一点，看到关于奥姆真理教事件的新闻：“警视厅警官枪击警察厅高官”，才不至于糊涂。因为是首都，鱼龙混杂，所以案件也特别多，“警视厅”警部、警部补之流就常是推理小说主人公，且很少被写得像美国电影上的警察那般坏。

写真异闻

近年来照片不叫照片叫写真了，虽然这个词古已有之，但重新起用却并非复古，而是从日本拿回来的，也许绕道了台湾，洋气十足。作为外来语也不能随便用，美人写真，明星写真，起码橱窗里临街招展的婚纱照，“西”奇“古”怪，才称得上写真，照得让本人都疑惑“那是我吗”。又见网上报上有“写真照片”的说法，可真就不知其所云了。因经济发达而萧条的行当之一是照相馆，如今在东京街头颇难觅，到处可遇的是自动照相“箱”，需用标准像，钻进去一拍即得，快而省，便民。

大约三十年前在银幕之外初见日本人，人人手拎照相机，那时我也被照过，是小说家宫本辉照的，而且当场出片儿。却听说欧美人笑话日本人旅游，一团一团的跟着小旗走，还没抬眼看，咔咔一通照，转身便上车而去。今夕是何年，听说这话变成说中国人了。照相机日益改良，简直既不需要技术也不需要艺术，只要不真是傻瓜，从清晰来看，任谁都拍得出足以自我欣赏乃至忘乎所以的作品来。常见日本人年届老迈，不聚集街角下棋打扑克，而玩起拍照，恐怕原因也在于它不费学画的工夫，无须写字的劳形，很容易艺术。照相机普及，图片泛滥，出版才得以步入“读图时代”。无图不成书，却也是阅读的衰退，乐观而厌读，好似退回了看图识字的年龄。看连环画（如今跟着日本叫漫画）及漫画，与读图是两码事。所谓读图，终归不过是一个流行，日本已经流行过了。说读图是大众文化的盛世，似不无滥用概念之嫌，这个“大众”就好像当年叫工农兵的，随便从活字文化中扒拉了出去，莫非他们只配看带图带色的玩意儿？

旅游，各有各的游法。便携照相机，很多人的游兴由到此一游变为到此一照，有图为证。良辰美景不可能据为己有，那么，拍下来，带回家，自赏赏人，既满足了本能的占有欲，又类似唱卡拉 OK，满足表演欲，据说这是现时代 N 欲之一。看照片（读图）是一件乐事，尤其老照片（日语写作“古写真”）。早年日本人初识照相也有过迷信，认为三人并排照，中间的人早死。事实呢，位居当中，每每是长者，自然死得早。福泽谕吉吃牛肉，穿西装，开化文明，他平生出过三次洋，留下了几张在美国照的照片。有一幅和照相馆女儿的合影，可题为洋妞与乡巴佬，看来日本男人到哪里都爱拉当地女子拍照，始作俑的就是他。

自1984年福泽谕吉的肖像印上了万元大钞，千元钞票上印的是夏目漱石，但2004年被换下场，翌年，这位大文豪的文章似乎也随之过时，从中学课本中消失。他当年是抗拒一切向钱看的时潮的，被印到钞票上真像是嘲讽。人在钞票上，一脸的愁苦与落寞，却原来依样的是他给明治天皇戴黑纱的照片。

某日，某杂志要给夏目漱石拍照，予以拒绝，缘由是讨厌那个杂志净登些故作笑貌的写真。但对方说，兔年正月号想刊登几张属兔的脸，用不着笑，也就应允了。摄影师来"照了两张相，一张是坐在桌前的素常姿态，一张是站在庭前寒霜上的普通样子。书房不大透光，所以架好机器后点燃氧化镁。火马上要燃烧之前，他冲我露出半面脸，说道：'虽然说好了，但能不能稍微笑一笑。'我那时突然觉得有点滑稽，同时也发觉此人耍无赖。"过了几天照片寄来了，上面的人脸是按照摄影师的要求笑着的。漱石又写道："我生来至今，多次在人前不想笑却笑了。也许这种虚假现在借这个摄影师而受到报复。他寄来我那恶心的露出苦笑的照片，但刊登这照片的杂志一直未收到。"此事他写在随笔《玻璃窗内》里面，而那张照片是夏目漱石唯一有笑容的照片，弥足珍贵。

夏目漱石不爱照相，因为出天花落下麻子，对脸面自卑。

20世纪是影像的世纪，文学家被照，公之于世，几乎是不可避免的。当然也会有这样的情况，例如太宰治，遇到两女孩，求他给拍照——“我不知如何是好。我对机械不大明白，又毫无拍照的爱好，而且里外穿了两件棉袍，连茶馆的人都笑我像土匪，一副邋遢相，大概被那么俏丽的东京女孩请求做时髦的事，内心就非常狼狈。不过，转念一想，说不定见仁见智，这副模样有的人看来还算挺别致，况且像是个会按快门之类的男人，也有点美滋滋，便假装平静，接过女孩递过来的照相机，用若无其事的口气问了一下快门的按法，然后哆哆嗦嗦看镜头。正中间是巨大的富士山，下面有两朵小小的罂粟花，那是二人都穿着红外套。二人相依相偎，好似抱在了一起，绷紧了脸。我觉得非常可笑。拿照相机的手抖得不得了。忍住笑，看镜头，罂粟花一本正经，越来越僵硬。怎么也对不准，我干脆把二人的身影赶出了镜头，只满满一个富士山，按下了快门。富士山，再见，多谢了，嚓嚓。”（见《富岳百景》）

旅游属于非日常，返回了日常生活，浏览照片，游兴袅袅。太宰治想到女孩们回到东京把照片冲洗出来，只见富士不见人，不由得得意，他就是这么一个蔫坏的人。若是在今天，用数码相机，小巧玲珑，当场看效果。太宰治几次跟女人玩情死，最后一次被女人绑在了一起，结果就死定了。死于1948年，今年（2009）适逢他诞辰一百年。

落书

善光寺本堂是国宝（在长野县，有三百年历史的木建筑），被人画了些圈圈道道，报道题目却用了“推掉圣火传递的善光寺”之类的说法。醉翁之意，无非使大众的思路短路，乃媒体惯用的伎俩，不说也罢。要说的是乱写乱画，日本叫“落书”。法隆寺等国宝级文物也曾被乱写乱画，喧嚷一时。据说日本人自来喜好“落书”，吴哥窟留有江户武士的残墨，法国、瑞士的观光胜地近年也可见他们的字迹。

2008 年 6 月，日本游客在意大利的佛罗伦萨大教堂发现了日本某大学女生到此一游的留名，拍下照片，用电子邮件发到她的大学去。调查属实，校方向大教堂道歉，对几名学生及修学旅游的带队教师提出警告。无独有偶，另一所大学的校名也涂抹在大教堂上，校方把犯事的学生处以停学两周，向意大利国民深表歉意。事情竟接二连三，某高中棒球教练也在那里留下了本人和爱妻的名字，竟至被解聘。听说大教堂壁上有各种文字的乱写乱画，好像唯其日本如此一本正经地严加处置，显得很知耻。

“落书”属于破坏器物罪，但若是古人所写，那可就弥足珍贵，足以弥补史料之短缺。例如几十年前整修法隆寺，从金堂、五重塔发现了很多8世纪画师工匠之流的“落书”，震撼学界，以致有人写打油诗：法隆寺乱写乱画也值钱。日本漫画史在法隆寺“落书”中找到最古远的作品，但现今各地寺庙却贴着乱写招灾。

所谓“落书”，据《广辞苑》解释，本义是“讽刺、嘲弄时事或人物的匿名文字，贴在人目易见的场所或权贵门墙，或者落置街头”。9世纪初，贵族之间用“落书”进行争斗，尔虞我诈。若写成打油诗或顺口溜，就叫作“落首”，落书一首也。1334年写在京都二条河原的“落书”有八十八句之多，批评政治，被视为日本“落书”历史上无与伦比的杰作。江户时代是太平盛世，市井平民的牢骚也更盛，到处写“落书”发泄。第六代幕府将军德川家宣不准禁止，说可以为诫。后世有好事之徒汇编为《江户时代落书类聚》。15世纪后半的水墨画家雪舟有画圣之誉，幼时出家，只想画画不念经，被绑在佛堂的柱子上，洒泪在地，就用脚趾头画老鼠，感动了师傅，容许他画画。这也算“落书”逸话，只可惜泪水不能久存。

现代的乱写乱画恐怕连牢骚都算不上，或许生理排泄的快感易于引发心理排泄，首选之处是厕所。台湾前几年死了一个人，叫陈朝和，最后的职业是的哥（的爷?），他也画画，画有一幅如厕涂鸦图，好似日本国宝《饿鬼草纸》的现代人间版。日本的厕所“落书”也有写得有趣的，如轻轨电车的厕所里，停车时请不要使用的旁边被写上使用时请不要停车。自然少不了俳句，例如：急也莫四溅，好似樱花开。

大概人类自来有乱写乱画的欲望与冲动，我们中国人更喜欢把任何东西都加以人文化，题字刻石，好端端的泰山被弄得遍体鳞伤。在酒馆里坐定，环顾四壁，有时也想到题壁，浔阳楼宋江吟反诗。日本母亲特意布置，让孩子在纸壁上涂画，从心理学来说，这是人性发展的一个阶段。媒体自称公器，但一些报道记事真叫人疑心是否把版面当作了厕壁。网络上任人挥洒，有时更不免公厕之嫌。诗曰：题山题壁题茅房，猿类终输弄字章。网上逍遥天也泣，人人敢做宋三郎。

今昔物语的今昔

说到顶峰级电影导演黑泽明，必提及他的杰作《罗生门》。提及《罗生门》，又会说到顶峰级现代文学家芥川龙之介，因为这部电影是根据他的短篇小说《竹丛中》改编的。那么，从《竹丛中》再说下去呢？就说到古典作品《今昔物语》，原来芥川是从中取材，故事新编。

除了《竹丛中》，芥川以《今昔物语》为原典的小说还有《青年与死》《罗生门》《鼻》《芋粥》《运》《偷盗》《往生绘卷》《好色》《六宫姬君》，简直可以说他是靠《今昔物语》出道，靠《今昔物语》成名的。关于这个古典文学作品，芥川只是在1927年写了一篇随笔《今昔物语鉴赏》，三五千字，却具有历史性作用，发蕴而飞滞，披瞽而骇聋矣。此前《今昔物语》在国文学家眼里不过是一块顽石，而芥川第一个剖璞得玉，指出它的艺术特色和文学价值，人们这才惊艳，蜂起研究。

虽然有“物语”二字，但日本文学史不把《今昔物语》归入物语文学，而视为独具领域的说话文学。9世纪初，仿照中国的类书，日本编成第一部说话集《日本国现报善恶灵异记》，通称《日本灵异记》。《今昔物语》无序无跋，不知何人所撰，不知撰于何时。估计成书不早于1120年，理由之一是它采录了《弘赞法华经》（唐惠祥撰），而此书是这一年才由宋人苏景经朝鲜半岛带入日本的。以前曾认为《今昔物语》也就是《宇治大纳言物语》；大纳言是官名，又称亚相，这位大纳言叫源隆国，据说他在宇治的别业避暑，设一间茶肆，叫住过往行人给他讲故事、说段子，笔录刊行。隆国卒于1077年，《今昔物语》中有他死后的故实，所以二书同源之说已销声匿迹。还有一说：后人增补而成《宇治拾遗物语》，流行于世，以致《宇治大纳言物语》被淘汰，湮没不存。《今昔物语》不是道听途说，全部故事都取自文献资料，如中国的《释迦谱》《三宝感应要略录》《冥报记》《孝子传》。文体是汉字与假名交杂，而《日本灵异记》等日文资料也多为汉文，说它是摘译汇编亦无不可。芥川龙之介在随笔中提及玄奘的《大唐西域记》，我国也曾有学者就此进行比较研究，但日本早都不认为这两部书之间有直接关系。基本不采用俗世资料，由此看来，很可能出自佛教界人士之手。

所谓“今昔”，意思不是今与昔，而是“现在说来是过去的事情了”，因为每一段故事的开头都用这“今昔”，所以叫《今昔物语》，正规的书名是《今昔物语集》。共31卷，汇辑故事千余段，卷1至5是天竺（印度）部分，卷6至10是震旦（中国）部分，卷11至31是本朝（日本）部分。这一部说话类聚，集日本之大成，却并非完成品，所缺的卷8、18、21也不像是散逸，可能压根儿就没写，原因是作者猝死也说不定。藏之名山，惜乎未传之其人，现存文献中初见其名是1449年，直到1720年有国学家将日本部分与其他说话集合编刊行，世人才得知其存在。数百年间不见书籍引用，未产生《宇治拾遗物语》那般的实际影响，冥冥中以俟芥川。

对于当时的日本人来说，印、中、日三国也就是整个世界。每部分再分为佛法、世俗（王法）二编，芥川尤为感兴趣的是日本部分之中的“世俗”与“恶行”。对“佛法”也多少喜欢，藉以知道当时的人们是怎样如实地感受从天竺传来的超自然存在的，那种恐怖与尊敬。他写道：“且不问美乎不美，这种‘活生生’不妨说是《今昔物语》的艺术生命。……这种‘活生生’在本朝部分更洋溢野蛮。更野蛮？我终于发现了《今昔物语》的本来面目。”《今昔物语》没有《枕草子》《源氏物语》等王朝文学的“优美”或“奢华”，很多受古典文学影响的作家如谷崎润一郎，追慕的就是这种王朝文学美。《今昔物语》的“作者记述事实丝毫不加以粉饰”，“写实的笔锋也鲜明描绘了当时人们的精神斗争，他们也像我们一样呻吟于娑婆苦”，“最野蛮、或者几乎残酷地反映了他们的痛苦”。这就叫“野性之美”。芥川每次翻开《今昔物语》都感受到当时人们的哭声与笑声，还感受到他们的轻蔑或憎恶（例如公卿对武士的轻蔑），称之为“王朝时代的人间喜剧”。对默默无闻的古典惊觉，或许是受了巴尔扎克的启迪，但璞玉终归是璞玉，从文学来说，经他琢磨而成的小说才能与《人间喜剧》媲美。芥川慨叹“修罗、饿鬼、地狱、畜生等的世界不总是在现世之外”，这使他漠然不安，就在写这篇随笔之年自杀。

“说话”本来是口头传闻的文字化，以奇谈怪事取胜，所以芥川说它近于报纸的八卦新闻。诚如其言：“《今昔物语》中的人物，像所有传说中的人物一样不具有复杂的心理，他们的心理只裸露着缺少阴影的原色。”那么，芥川如何给原典涂上阴影呢？他的短篇小说《罗生门》描写人处于饥饿状态时对于生的执著，素材是《今昔物语》中的《罗城门登上层见死人盗人语》，仅四五百字，只是说一个人来京都偷盗，躲到罗城门楼上等天黑，发现一老妪在那里拔女尸的头发，拔刀逼问。老妪讲了缘故，他便抢了女尸和老妪的衣服，还有拔下来的头发，下城逃去。如此而已。到了芥川笔下，主人公变成失业者，为了不饿死，只有当贼一条路，却又没胆量，游移之间便有了心理活动。那具女尸生前也曾为活命把蛇干当鱼干卖，这个勾当是从另一个段子《太刀带阵卖鱼姬语》拿来的。最后主人公被老妪鼓起当贼的勇气，但是只抢走老妪的衣服。连死带活的三个人都是在贯彻“为生存的利己主义”。《竹丛中》的原典是《具妻行丹波国男于大江山被缚语》，当然也不限于这一段说话，细节还取自《观砚圣人在俗时值盗人语》《多襄丸调伏丸二人盗人语》《绔垂于关山虚死杀人语》《诣鸟部寺女值盗人语》《女被捕乞丐弃子逃语》。

倘若把芥川的小说与《今昔物语》比照读，那么，《青年与死》取材于《龙树俗时作隐形药语》，《鼻》为《池尾禅珍内供鼻语》，《芋粥》为《利仁将军若时从京敦贺将行五位语》，《运》为《贫女仕清水观音值盗人夫语》，《偷盗》为《不被知人女盗人语》和《筑后前司源忠理家人盗人语》，《往生绘卷》为《赞岐国多度郡五位闻法即出家语》，《好色》为《平定文假借本院侍从语》，《六宫姬君》为《六宫姬君夫出家语》和《造恶业人寂后唱念佛往生语》。题目照录了原文，是想供读者顺便欣赏一下日本古汉文。有人批评《偷盗》《往生绘卷》是芥川的败笔，而我觉得《六宫姬君》“优美”而“奢华”，不大有所谓“野性美”。

超能力趣闻

日本比较有名气的作家当中，相信超能力（特异功能）的，大概村上龙要算一个。他在1976年以动摇时代价值观的小说《无限近乎透明的蓝》获得芥川奖。不过，好像还没有迷信而且张扬到中国某作家的地步。

前些年女作家吉本芭娜娜特别走红的时候，曾和摇滚歌手清田益彰对谈，话题是超能力。歌手当场献艺，把金属汤匙柄看弯了，让女作家惊叫"看见空气弯啦!"这个吉田曾经是轰动一时的超能力少年。

弯汤匙的把戏其实是舶来品。立花隆开始在杂志上抖搂总理大臣田中角荣的金脉和人脉的1974年2月，一个叫尤利·格拉的人被请来东京录制电视节目，他就是日本当代超能力悲喜剧的原点。尤利出生在以色列，是魔术师，但戏法漏了底，在故乡没能够大成。后来被一个美国人看中，打出超能力的招牌在欧美电视上作秀，名声鹊起。日本电视在3月7日播放他的节目，估计有三千万人收看，全国掀起超能力热。电视台尝到收视率的甜头，一发而不可止，找来少年男女上场，最受宠的是十一岁的关口淳。媒体大肆炒作，连诺贝尔奖得主江崎玲于奈博士也表示不能简单地无视。某工程学博士提出“幽子信息系理论”，鼓吹弯汤匙是新科学之始。有的人认为尤利是搞鬼，却相信关口具有超能力，因为小孩子的力量弄不弯那么硬的匙柄。然而，连续拍摄的照片表明，金属匙柄是被纯真的孩子在皮带上或地上弄弯的。批判归批判，信者照样信，以小说《日本沉没》名世的科幻小说家小松左京撰文为关口辩护，理由是他本人怎么也没看破。继关口之后出名的就是清田益彰。纪实作家立花隆也大感兴趣，但实验却证明是骗术，他只好“脱亚入欧”，飞往欧洲去寻找不可思议现象。

戏法魔术的历史很古老。传说开山日本真言宗的空海大师“能种种奇妙”，使冷水变热汤，生栗变熟栗。明治以降不时流行的各种超能力，几乎都来自欧美。1840年代法国风行催眠术，美国勃兴心灵术，半个世纪后相继传入日本，一起接一起地折腾。1910年熊本地方出了个奇女子，叫御船千鹤子，能透视人体病在何处、煤矿埋在哪里，轰动全日本。越明年，千鹤子服毒自杀，是为千里眼事件。近来弄神弄鬼的恐怖小说在年轻人中间流行，《链环》（铃木光司著）堪为代表作，已改编成电影（中文译名为《午夜凶铃》）。超能力的死对头大规义彦教授说，《链环》的故事就是从千里眼事件的故纸堆里翻检出来的。

阿Q的长凳

侨居异邦，时常听到两个说法：融入主流社会、弘扬中华文化。我属于随波逐流之辈，凡事从众，既然有一个主流，就企图随之逐之，然而这社会不单指当地的，层次还属于上，那可就不好入流了。所谓融入主流社会，并非不同族群的相互融合，你好我好，假如所在社会是一湖水，那么，你不能是一滴油，顶多是一小块冰，投身其间时也许发一声响，接着就归而化之，其乐也融融、泄泄。至于弘扬中华文化，似较为好办，本人中国生中国长，一举一动皆中华，无意弘扬也弘扬，有如金子在哪儿都发那个光。同时捉摸这两件事，却觉得矛盾。试想，进入主流社会第一步是入乡随俗，倘若下班就回家，很保持中华传统，但不跟着日本人同僚去喝酒，恐怕就难以被他们认同，也就进不了那个主流，弄不到课长部长当当，大有熊掌与鱼不可兼得之势。

地大人多，说话须大声，不然，传不远，压不过众口，洋人到了中国也只好随这个俗。中国人来到日本，在茶馆里电车上声若洪钟，无远弗逮，招人家讨厌。噤若寒蝉才利于融入主流社会，但要是我们的阿Q出洋来，那么，“阿Q又很自尊，所有未庄的居民，全不在他眼里，甚而至于对于两位‘文童’也有以为不值一笑的神情。夫文童者，将来恐怕要变秀才者也；赵太爷钱太爷大受居民的尊敬，除有钱之外，就因为都是文童的爹爹，而阿Q在精神上独不表格外的崇奉，他想：我的儿子会阔得多啦！加以进了几回城，阿Q自然更自负，然而他又很鄙薄城里人，譬如用三尺三寸宽的木板做成的凳子，未庄人叫‘长凳’，他也叫‘长凳’，城里人却叫‘条凳’，他想：这是错的，可笑！油煎大头鱼，未庄都加上半寸长的葱叶，城里却加上切细的葱丝，他想：这也是错的，可笑！然而未庄人真是不见世面的可笑的乡下人呵，他们没有见过城里的煎鱼！”贵在坚持，阿Q这么一想，照旧叫‘长凳’，照样加上半寸长的葱叶，便坚守并弘扬了中华文化。至若假洋鬼子们，便不再叫长凳，葱叶也细细切将起来，一旦记起子曰食不厌精脍不厌细，反倒有了话说，那本来是咱祖上的传统云云。

带孩子上班也是一个中华文化。以前在国内谋生，女同事把孩子带到办公室，“叫叔叔”，“叫阿姨”，叔叔阿姨们放下手中工作，做喜爱状，有人就被尿了一身。香港人陈美玲1972年以一首《虞美人花》在日本出道，1987年嫁给姓金子的经纪人（所以她日本名叫金子陈美玲），翌年生子，她就要弘扬这个中华文化，带孩子上班。正好那时候日本施行《男女雇用机会均等法》，媒体炒作，掀起了一场“美玲论争”，甚而成为一个流行语。有人赞之为美谈、快举，但女作家林真理子大写随笔，说“算了罢，美玲”。无论从何等层次来说陈女士都实属主流中人，但十五六年过去，就现状来看，那场论争并不曾改变什么，而且整个女权主义都趋于没落了。

不过，文化往往是跟在经济的屁股后头，为虎作伥。如今中国经济大发展，大小公司在日本日见其多，把中国特色也带过来，其一是女员工可以抱怨着日本的托儿所幼儿园，或者晚来早走，或者干脆带了孩子来上班。听一位在中国公司就职的日本人诉苦：那可真是小皇帝，搞得保险柜暗码锁死了，没法子工作。中国人妈妈恐怕不会有陈美玲那样的美事，论争一场，被美国教授请去读博士，比较日本与美国的男女差别。但凭她们我行我素，长此以往，各种各样乃至不伦不类的中华文化在日本就弘扬开来也说不定。

中华街是人们没有融入主流社会时造成的。弘扬文化几乎甭指望那些融入主流社会的人，也不能指望国家输出一个几个“裴勇俊”，勃然兴一阵“中流”。动辄倚赖官家，是典型的中华思想。日本吸收了中国文化，是它自己拿来的，并非中国输出所致，虽然历朝都想要德泽洋溢于天下。中国年轻人也过起了圣诞节，火树银花，好像也并非哪个基督教国家跑来推行的。我们常说中国有这样那样的好传统，现实生活里却不大见，令人怀疑类似说咱祖上也阔过。书上说的，孔子说的，说的未必是现实，如中庸之道什么的，不过是孔夫子立的标杆而已，他本人也做不到，以至时常被弟子抓话把。正因为谁也做不到，才能两千多年来心向往之。说一些做不到的话，这正是中华文化的浪漫之处，不可指实了看中国人。文化挑肥拣瘦地弘扬，难矣哉，除非派来南京路上好八连，或者，像朝鲜美女啦啦队那样的。

日式潘金莲

刘备小时候没爹，和母亲贩屦织席为业，日后被民间传说卖草鞋，乃至供奉为鞋神。但日本人不知道刘备卖鞋，虽然他们爱“三国”，劲头儿甚至超过我们。若问因由，原来他们读的“三国”基本是日本小说家吉川英治改写的，只说刘备编席子帘子卖。在吉川《三国志》里刘备登场，望着滚滚黄河水，等候商船买茶叶孝敬老母，就此写了些茶叶的历史知识，当时贵重得只有阔人或病人才能喝云云。刘母嗜茶，可见就不是一般人家。如果照葫芦画瓢，也跟着《三国演义》卖屦，就算是草鞋，日本现今还有卖，恐怕写刘备就难以翻新。

世界上没有哪国的文学作品能够像“三国”这样竟成为另国取之不竭的文学源泉。不只是“三国”，日本把“水浒”

也拿去改写，他们叫翻案，例如吉川英治《新·水浒传》、柴田炼三郎《我等乃梁山泊好汉》、津本阳《新释水浒传》、杉本苑子《悲华水浒传》。所谓改写，无非将原典加以日本化、现代化、细节化，也就异化为日本的东西。毕竟是别人的东西，少了些敬畏，甚而也不无戏耍之心，改起来无所顾忌，以致面目全非，足以教本家来气。几年前北方谦三改写《水浒传》可算是典型。恭维它的人说：人名一如原典，但人物被重新造型，完全不同了。譬如我们的好汉武二郎，居然给他写成了强奸潘金莲。

大致是这样：潘金莲比武二郎大四岁，一条胡同里住着，二郎从六岁就喜欢她。谁知母亲临死前给武大郎聘定金莲，让二郎恨死这娘，做梦死了这哥，自己娶金莲为妻。无意中窥见兄嫂做爱之后，二郎开始喝酒了。跟十七八个人打架，被踢得尿血。两天卧床不起，金莲端茶送饭，于是痛并快乐着。在家里坐卧不宁，出外结识了鲁智深和宋江，从此有志向，却还是想金莲。喝多少酒也不醉，可是不论抱着什么样的女人，闭上眼总浮现金莲那张也算不上绝世美女的脸。二郎觉得自己像宋江批评的，是一个弱男，不想国事想女人。兄长似的鲁智深似有所感，让二郎回一趟家。金莲做了菜，“肉和蔬菜用油炒”什么的。她的指尖有点粗糙了，粗糙的指尖也可爱。心绪不宁，二郎不住家里住旅店。翌日半晌午就开始喝，晚上已大醉。不知怎的就来到家门口，他是知道此日哥哥外出不归的。金莲开门，问这么晚怎么啦，二郎说我来抱抱你。他“跳上檐廊”，抱起潘金莲，冲进卧室。摸到了阴毛，软软的，惊觉这不是梦，但凶暴裹住他的心，一气大战四回合。金莲说，“你说从二十年前就喜欢我吗”，“我是幸福的女人，被一个男人一直这么爱”，“可我背叛了丈夫”，“你睡一会儿罢”。当武二郎醒来时，潘金莲倒在客厅里，割腕自杀了。桌上有遗书，写道：被几个贼人凌辱，不能再活了。二郎读了多少遍也不明白是什么意思。他踢破大门，冲到街上，狂奔而去。投河寻死，漂流了很远还活着，就上山打老虎。

如今小说家难得像村上春树那样安于笔砚间，常常要抛头露面，北方谦三也上过电视。他是好自我诠释的作家，像中国小品的北方人，瞪着眼忽悠。当年搞学生运动当过小头目，仿佛还保留造反派脾气。自诩看出中国《水浒传》的破绽，其一是不大写女人，这就不自然。北方《水浒传》获得司马辽太郎奖，感言：“作家要写自己想写的，这是当然的事情，但未必能做到。”此话不假，施耐庵不想写女人，他做到了。北方谦三写历史小说，司马辽太郎“是耸立在他眼前的巨峰”，司马也不写女人。北方谦三想写，便大肆给水泊梁山添女人，说是要通过武松潘金莲这一对男女描写更深的人的本质及心情。有人说，北方给《水浒传》的年迈之躯吹入时代气息，灌注了涌自心魂的泉水，使人物进化。可是，古典文学何曾老迈，何曾需要进化呢？古典作为古典而存在，无须现代化。改写对于原典只是一个破坏。照猫画虎，比照猫画猫容易得多。撑竿跳，跳得再高也要靠竿子。原典塑造的就是这个潘金莲，这个武二郎，他们是文学形象，若想创作另一个，应当去另起炉灶。倘若在中国，这么作践早已定型在人们心中的武松形象，怕是要引起民愤的，尤其在当今愤青芸芸的时代。北方认为写男女那是非上床不可的，林冲就被他写得回家就发疯地行房，说是借以宣泄在职场惹来的一肚子鸟气。或许有人看中这一点，跃跃把它翻译到中国来也说不定。

日本小说家改写，每每还照搬或套用原名，也招人厌恶，如吉川英治的《三国志》，北方谦三的《水浒传》。村上春树尤爱用现成的书名，起码表明他构思的起点不具原创性。大概《1984》的销路反倒坐了他《1Q84》的车，但毕竟他先有蚂蟥叮鹭鸶脚之意。非美女作家林真理子写过一本以江户时代为题材的小说，取名《本朝金瓶梅》；本朝者，日本也，主人公叫西门屋庆左卫门。

江户时代《水浒传》翻译到日本来，不久就有人改写出《本朝水浒传》。又有一个叫曲亭马琴的通俗小说家，把所有人物都改成女性，叫《倾城水浒传》，大畅其销。那时人们喜爱“水浒”胜过“三国”。浮世绘当中有一类武者绘，也爱画水浒人物，歌川国芳笔下的一百单八将尤为斑斓。正月里孩子们放风筝，上面画梁山好汉，最有人气的是九纹龙史进、花和尚鲁智深。北方谦三《水浒传》影响所致，日本人今后会喜爱哪位好汉呢？

马马虎虎

在南京屠城的罹难人数上，中国统计的数字太整庄，就显得有点马虎。对于数字，似乎中国人向来马马虎虎，虽然祖冲之早在一千五百年前就计算了圆周率。我在此笼而统之地说“一千五百年”，也难免马虎之嫌。问某兄多少钱，答曰几万元，他的意思是以示其多，但没有中国人的灵犀，就难以一点通。从二三到八九，到底是多少？《汉书》上说：“铢铢而称之，至石必差；寸寸而度之，至丈必过。”这就是教人凡事要马马虎虎。

最近读《八股与马虎》一书，觉得有意思。作者安能务自昭和末年为讲谈社文库翻译《封神演义》，并接连撰写《春秋战国志》《中国帝国志》和《八股与马虎》，合为一部中国通史，当然是野史。《八股与马虎》的副题是“中华思想的精髓”。他将上下五千年横无际涯的中华思想归结为两条“精髓”：八股——顽固得令人讨厌的形式主义，马虎——融通得令人害怕的应变态度和处世技巧。这两条“精髓”相辅相成，不掌握就做不来中国人。安能务在杂志上也写过：“对于学习中文的人来说，‘马虎’是宝贵的语言，会使用它，就等于增加几个、几十个词汇。”当年先大江健三郎一步获得芥川奖的已故文学家开高健就非常喜好中国人爱说的“马马虎虎”，为日语居然没拿来“马虎主义”而扼腕。

武侠小说家金庸说：中国是礼让之邦，你让我让，让来让去便马马虎虎。但我以为，马虎的根源首先在于地域广袤，民族众多。马马虎虎，多种多样的民族才得以相处、共存。否则，锱铢必较，像日本那样一味强调单质性，绝不可能有容汇百川的胸怀。十返舍一九是江户后期的通俗小说家，滑稽奇行，据说他是日本第一个能够靠卖文营生的人。让这位十返舍把双膝当作枣红马，沿东海道从江户徒步上京都，也不过才“五十三次”——五十三个驿站而已，不可能领略“夕贬潮州路八千”之遥。马马虎虎地说，马虎的反义是精细、认真，处处与中国人相对的日本人自然地具备后者。战败之初，日本一片混乱，历史学家会田雄次看见列车正点运行，认为“这样日本就不要紧”。看来他的信心即得自世界上怕就怕认真二字，可惜中国人就最不讲认真。原子弹爆炸罹难者名册做得一丝不苟，简直像令人不忍下口的日式点心，确实很值得佩服。但精细得小肚鸡肠，他们要国际化，若不是以哪里飞机掉下来都少不了“邦人”立论，又谈何容易。日本在世界上难以当领袖，正是其民族性使然。

走进日式房间，地上铺着几块草席，“六帖”还是“四帖半”，一清二楚。侨居日本，在如此准确的数字当中讨生活，马虎成性的中国人也不敢马虎了。

不做贼也心虚

记起章炳麟的两句诗："干霄何足羡，所贵在心虚。"咏竹也。中国人说话向来好左右逢源，例如这竹子，一竿挺拔，可以夸它心虚，虚怀若谷，也可以讥它腹中空，不贯通。虚心是好事，至若通常所说的心虚，就比较成问题。做贼心虚，但中国人似乎不做贼也心虚。

在东京打工，大概属清扫自在，因为工头不可能总盯着，而扫清与否也比较容易打马虎眼。一位朋友做清扫工，还没有做到以为自己和总统或首相只是分工的不同，说：还经常去打扫自选商店，偌大的店里没别人儿，一架架货物，琳琅满目，这要是丢了东西可脱不了干系，但日本人好像都满不在乎。他是中国人，于是我不禁想到中国自古有瓜田李下的观念，就是说，在瓜田里鞋子掉了也不能弯腰提一提，在李树下帽子歪了也不能抬手正一正，以免被人家误以为做贼行窃。所以，“君子防未然，不处嫌疑间”，但事关维生或发财，这位朋友顾不得古训，好在后来也不曾听说被疑过。担心受疑，先就浑身不自在，其实也不无自疑。

怕人家怀疑，根子在中国人好怀疑别人，生动的事例就是那疑人偷斧。自家的斧子丢了，看左邻右舍，个个都像是偷斧的，虽然只丢了一把。你怀疑我，我怀疑你，互相提防，这种国民性在文化大革命时代发挥至极，丧尽人性。日本官僚中出一个坏蛋，大家认为就他这个人坏，一条鱼腥一锅汤；但中国揪出一个，人们却不以为然——洪洞县里没好人，还有比他更坏的。疑神疑鬼，读小说也不由得对号入座。周围总那么可疑，疑心生暗鬼，由此又产生一条处世经验，即“害人之心不可有，防人之心不可无”。

经历、处境不同，人的想法各异，中日之间当然更有着“国沟”、“族沟”，差异尤甚。例如一女子投宿，日本的旅店可能不欢迎，怕她是想不开或者想开了，来这儿自杀。而中国式想法是觉得弱女子孑然一身太危险，连打虎英雄武二爷住店都有人算计哩。穷人每每遭富人怀疑，中日皆然。当年把中国人看成呆雁的日本电视剧《阿信》不就有小阿信被主人怀疑偷了钱的段落吗？

日本江户时代有一位俳人，叫小林一茶，穷苦一辈子。

他写了将近两万首俳句，颇有同时代画家葛饰北斋的浮世绘之趣。四十七岁那一年总算在家乡柏原（今长野县信浓町）分得一份父亲的遗产，后来又回到江户，寄居富户夏目成美篱下。元旦之夜，街上着大火，他就吟了一句：元旦哟，不只我一个，无家可归的鸟。转年开始写俳句日志《七番日记》，文学创作达到最高潮，形成“一茶调”。例如：春雨哟，淋在妹的长袖上，稀里哗啦响钱声。倒霉的是这一年冬天，夏目成美去赏玩红叶，让充当食客的一茶和仆人们看家，翌晨发现金库里的巨金不翼而飞。看家人难免嫌疑，一茶“亦被归入彼党，不许外出”。一连几天大搜查，到底找不出，查无实据，只好解脱了众人。不知是认为“本来天地大戏场”，还是很明白所处社会地位的缘故，似乎一茶倒不以为辱，依旧出入夏目家。他在手记《我春集》序下署名“信浓国乞食首领一茶”，一个穷字，哪怕俳句写得再好，令人起疑心的理由却足矣。他的名句“瘦蛤蟆，别败退，有我一茶在”，原来是给他自己壮胆。

不过，中国人为人处世自有解脱的办法，与瓜田李下相对，是脚正不怕鞋歪，或者常在河边走，哪能不湿鞋什么的。两头都说得明明白白，所以我们活起来很中庸。

君若写诗君更好

常说中国是诗国，是礼仪之邦，听来却如同说咱家也阔过，看看身边，哪里有多少诗国的做派呢。我们最拿手与时俱进，文化就不免像熊瞎子掰苞米，唐诗宋词元曲，眼下掰到手里的是手机短信，已堪称短信大国。这短信文化的特色是谐谑可乐，包括黄段子，似乎更类似日本的川柳，但人家那玩意儿还算是传统诗歌。

有人说（好像是梅原猛说的）：诗歌在日本，在各个时代都是最受崇敬的文学性表现。而且日本的诗歌，情绪性甚于教训性，印象性甚于说明性。还有欧美人这样说：典型的日本诗，简洁地画出一幅图画，通常是自然的美丽风景，然后骤然一变，把看得见的印象变成了感情的巨澜。俳句正属于这样的典型。它小巧玲珑，日本人不止于喜闻乐见，而且还爱写。俳句也是有格律的，除了字数的框架，更讲究季语的技巧。季语是表现季节的词语，有三万之多，类似中国诗词（日本称之为汉诗）的用典。拿俳句打油就变成川柳，不像俳句那样拘泥于季语，好使用应时口语，跟生活脸贴脸。俳句与川柳都带有滑稽性，但俳句的滑稽须不失雅趣，而川柳的滑稽多乐在嘲讽。据说日本有三万诗人，三十万歌人，三百万俳人，那么，写川柳的，恐怕是一亿日本尽写手，遍地英雄。这数量的证据，是报纸上的歌俳（和歌俳句）栏。

日本报纸一般都设有这种栏目，甚至就设在头版，而且不是为专业作者而设，完全任读者投稿。例如《朝日新闻》纸面上有一个豆腐块，不，臭豆腐块，叫《应时之歌》，按当今中国报纸的流行说法，这是大冈信专栏。他是抒情诗人，名气大大的，每回选一首自己觉得好的短歌、俳句或汉诗，用三言两语说明好在哪里，已持续六千多回。该报还辟有川柳栏，每天选取数首，用几个字评点，点到为止。点评臧否是日本诗歌的传统，川柳之所以叫川柳，即来自18世纪有一个专事评点的人叫柄井川柳。小说家野村胡堂早年当记者，提议在报上开设川柳栏，取名为时事川柳，主持评选近三十年，后来《读卖新闻》合并了这家报纸，把栏目延续至今。和歌俳句的结社在日本多如牛毛，而投稿给报纸，多不是社中人，所以此类栏目不无引人入门之功。究竟是日本人爱写诗，报纸才设此栏目，还是报纸有这个栏目，大家便热心投稿，不得而知，总之，这种事在世界上独一无二，无疑是日本文化的一大特色。

什么东西一好，一有了年头，中国人就喜欢把它供起来，对古典诗词也如此，甚至用束缚思想云云来唬人，只许州官放火。多少年前金庸在《书剑恩仇录》后记中写道："对诗词也是一窍不通，直到最近修改本书，才翻阅王力先生的《汉语诗律学》一书而初识平平仄仄。拟乾隆的诗也就罢了，拟陈家洛与余鱼同的诗就幼稚得很。陈家洛在初作中本是解元，但想解元的诗不可能如此拙劣，因此修订时削足适履，革去了他的解元头衔。余鱼同虽只秀才，他的诗也不该是这样的初学程度。不过他外号'金笛秀才'，他的功名，就略加通融，不予革除了。本书的回目也做得不好。本书初版中的回目，平仄完全不叶，现在也不过略有改善而已。"金大侠尚且如是，遑论我等。大学教授讲授唐诗宋词头头是道，但给他看一首当代人所作，却看不出好坏，其教案无非人云亦云千百年来的定论罢了。歌迷跟着歌手又唱又跳，几乎比歌手更欢实，诗也要写才能叫参与。近年对古典诗词的提倡，似止于读，不鼓励写。诗词是汉语的结晶，这一点任何语文都做不到，君若写诗君更好。

中国学日本漫画已蔚为大观，报刊何不再学学他们那样的诗歌栏目，比如开设豆腐块似的绝句栏，持之以恒，或许哪一天复兴了诗国也说不定。

六十衰翁初学诗

河上肇是马克思主义经济学家，对中国现代史影响之大，大概在日本人当中数一数二。从李大钊到毛泽东、郭沫若，各色人等，当初曾通过他的著述接触马克思主义。据说周恩来留学日本，就想到河上肇那里读书。不过，今夕何夕，我感兴趣的只是他的汉诗。从唐诗宋词的本家来看，或许算不上好，却值得一读，那一片真性情动人心魄。

偶会狂澜咆勃时，艰难险阻备尝之。

如今觅得金丹术，六十衰翁初学诗。

这首《六十初学诗》作于 1938 年 1 月。河上肇生于 1879 年 10 月，二十六岁时用笔名“千山万水楼主人”在报纸《读卖新闻》上连载《社会主义评论》，声名鹊起。加入日本共产党，从事运动，1933 年被捕。铁窗五年，1937 年 6 月 15 日出狱，发表手记，宣布“借这次出狱的机会，我关闭马克思学者的生涯。这一篇文章就是挽歌，就是墓志铭。我一介学究，用功三十年，终于在学问上赢得自己的信念，为殉此信念，聊以致力于与身份不相称的事业。但绵薄的我已近暮年，再也吃不消披荆斩棘。我就此结束一学究之义务，今后彻底隐居，只和极少数的亲朋往来，任此刑余老残之瘦躯自然衰竭。一个已退出沙场的老废兵，如今我只希望尽量不妨碍人类的进步，在社会的某个角落里极安静地苟延残喘。”读河上肇的“没落宣言”，不禁想，这要是在鄙国，当权者不毙了他，舆论也不容他安静。

河上肇年轻时说过：所有的学者都是文学家，大的学理如诗。“性本爱文宿世因，错提长剑草为茵”（《书怀》，作于1941年），“要再往前去是实在不能胜任了”（瞿秋白语），但他并非感到“精神上政治上的倦怠，使我渴望‘甜蜜的’休息”（瞿秋白语），用汉诗反复强调的是“衰病老残”。从“刑期结束被释放的早晨”，到1946年1月去世，河上肇自称“闭户闲人”，静静地撰写《自叙传》。1938年，年届花甲，开始学作汉诗。当年3月，给一名被征赴中国战场的学生寄去一首五言绝句：“人老潜穷巷，天荒未放红。狗吠门前路，云低万里空。”可见，虽然潜在穷巷中，但并未垂下眼帘，目光仍越过大海，遥望战云密布的中国。他的心毕竟不平静，读了斯诺的“奇书”《西行漫记》，更是“尽日魂飞万里天”。1942年作七绝：“生民救死不遑时，何意悠悠独赋诗。休怪衰翁六十四，耳聋世事久无知。”告白心迹，仍然关心着时事，几乎要隐不住了。

河上肇不愿把牢底坐穿，脱离了政治运动，也不再做学问，“其原因不是认为马克思主义谬误，也不是认为共产主义搞错了”，而是像基督等历史上的名人一样，在很大程度上是由于偏执狂性格。出于这种性格，1917年刊行《贫乏物语》，在彷徨的年轻人心间点燃社会主义火种，洛阳纸贵，但他觉得不够满意，1919年毅然绝版。在京都大学任教，参加翰墨会吟诗作画，他最爱书写他称作“冬天的诗人”王维的《酌酒与裴迪》最后两句：世事浮云何足问，不如高卧且加餐。似乎入狱前就有意退隐了。入狱一个月后写下“读书万卷竟何事，老来徒为狱里人”，也不无“历史的误会”（瞿秋白语）之意。

身羁囹圄，除了宗教书籍，河上肇耽读陶渊明、王维、白居易、苏轼的诗文，不仅从他们的闲雅中寻求慰藉，而且为自身的退隐寻求思想上的共鸣和支持。他给妻子写信，说：“送来的王右丞集非常好。遇见‘悠然远山暮，独向白云归’之类的佳句，口吟不厌，就寝则梦见诗。和做噩梦不一样，心里很畅快。”读《题文集柜》，与白居易共话：“如你所言，什么都不免终将散失，但我此刻拿在手里的诗集，是仅仅五年前印刷的，因之我不能不考虑艺术的生命之长。”出狱后仍然处于监控下，1941 年又被收去一大批图书，“身边殊寂寞，只有陆放翁集，日夜翻之不倦，聊以自慰”。他鉴赏陆放翁，也不是早岁的提刀独立，铁马冰河，而是晚年的“老子不堪尘世劳，且当痛饮读离骚”。

关于日本人创作汉诗，河上肇在随笔《闲人诗话》中提出这样的见解：

“即便采取一下汉诗的形态，我等也并非照原样读，而是日本式地读，所以，无须遵守在中国由音律的关系而发达的作诗的各种原则。那是日本的诗，为按日本方式读，应该有日本人作的汉诗的特征。原来汉字的发音在中国上下数千年之间也发生不小的变化，就是现代的中国人，读唐诗也未必用唐代作者打算让人读的发音（唐韵分为二百零六部，宋韵却只有一百零六部，可知发音变化之显著）。中国人尚且如此，现代日本人细细调查唐诗的平仄、押韵及其他事项，要作得尽量近乎唐诗，作汉诗则非作唐诗不可，这般的苦心（如森槐南，就好像坚持这样的观点），除了是一种怀古趣味之外，不能认为多么有意义。”

又说：“时隔千载，语言全然不同的异邦人，逐一地细细吟味唐代诗人耗费在音律上的种种苦心，把这些在自己作的诗上尽可能再现，这番努力，除非特别的专家，对于普通的人来说，恐怕是毫无意义的徒劳。”

他批评西乡隆盛为了平仄，把“瓦全”变作“丈夫玉碎愧砖全”，不伦不类。河上肇本人创作汉诗，基本上循规蹈矩。汉诗是理性的，即便从天上来的河水，也被纳入河道中奔流。河上肇读汉诗，作汉诗，藉韵脚、平仄、对仗等规矩，对感情进行理性的平复和整理。

汉诗的“金丹”没能使河上肇长生，1946 年 1 月 30 日去世。出狱后数日，日本全面发动侵华战争，去世前数月，日本战败，无须家祭告乃翁。一个多月前写好了《拟辞世》，有云：“多少波澜，六十八年。聊从所信，逆流棹船。浮沉得失，任众目怜。俯不耻地，仰无愧天。”河上肇留下一百六十来首汉诗，加藤周一说，他的汉诗是《自叙传》的提要。其中我偏爱那首七绝，如下：

凤号千山万水楼，如今草屋似扁舟。

相逢莫怪名殊实，万水千山胸底收。

江户热的死角

日本很有点武士小说热。

自1603年德川家康被朝廷封为征夷大将军，在江户设幕府执掌天下，至1867年第十五代将军把大政奉还天皇家，长达二百六十五年，史称江户时代，又称德川时代，大致与满清兴衰相始终。武士小说（口语叫“时代小说”）多取材于这个时代，驰骋想象，编撰故事。满清入主中原，留发不留头，而日本武士的堂堂仪表则是把头发在剃秃的额顶支起小钢炮。士农工商，武士为首，虽不是多么了不得的盛世，但闭关锁国，自有一派太平景象，市人（商人、工匠）穷也穷欢乐，非常日本。今天认为是日本人固有的思维模式及风习基本都可以到江户时代寻根溯源。明治新政府把江户改称东京，老东京人被叫作江户子，俗话说江户子没有隔夜钱，但是我侨居多年，尚未遇见这等人，可见人心不古。于是武士小说也载道，力挽世风，使人心回归原点。1964年东京举办奥运会前后，江户的遗物余情被扫荡殆尽，不满于现实，时常就美化过去的时代。也不限于武士小说热，近年对江户时代的事理人情都憧憬起来，乡愁也似的，以致还实施“江户文化历史检定”。乐之好之不如知之，追求资格的人又多了一纸证书。

不过，这股子时代热潮里有一个不小的死角，那就是汉文。八年前去世的中村真一郎是名实相副的学者型作家，著有《江户汉诗》，说：

> 把此书作为日本古典之一供现代读者鉴赏，可能很多人抱有诧异之感，但江户时代的文学读者恐怕要对于现代人居然有这样的疑问而莫名其妙。直截了当地说，江户时代人们的文学性活动，其中心不是净琉璃或俳谐，也不是庞大的随笔类，更谈不上爱情小说或青楼小说什么的，实际是汉文著述。在学校里作为常识学习的文学史，说江户时代是市人文化、市人文学，但是在江户时代末晚，不会有一个知识人容忍这种说法。19世纪末从欧洲输入文学史这门学问，照猫画虎，乖离各个时代以汉文学为主流的实际情况，只是把日语作品编成日本文学史。但对于江户人来说，比起宣长来，最大的思

想家无疑是徂徕；诗人可能是茶山，而不是芭蕉；散文家的名声，山阳远远超过马琴。就是说，江户知识人保持着一种文学性习惯，即主要用远东文化圈的共同语言——中国古语思考、讲说、歌咏。这是日本古来的一贯传统，对于不用生身之国的语言著述丝毫不抱有疑问。

那么，这个当时的常识怎就从日本人的头脑里荡然无存了呢？中村认为是明治维新所致。从理念上，挣脱中国的世界帝国性文化束缚而独立，在现实里，转而追随西欧，学英法德语，弃汉文如敝屣。结果到了昭和时代，天皇宣读投降诏书，满纸汉文调，不少人可就听不懂，还以为号召打下去，一亿玉碎呢。

江户二百余年歌舞升平，得力于汉文。德川家康本身不习汉诗文，他重用藤原惺窝、林罗山等儒学家。武士本来嗜杀成性，家康采纳藤原之策，让他们学汉文，读汉籍，用朱子学改造思想，束身自好，为社会树立样板。江户时代中叶以降，下层武士及上层农民、市人之间也普及汉学。幕末志士多为下层武士出身，如第一任总理大臣伊藤博文，他们都写得来汉诗。

藤泽周平在他的代表作《蝉噪如雨》中写到文四郎吟诵“关关雎鸠”，严于律己，却也萌生了若有若无的爱恋之情。

这位武士小说大家极擅长写下层武士的生活与情感，其影响使年轻女性也对以往基本局限于中老年读者的武士小说发生了兴趣。朝日新闻社出版《周刊·藤泽周平的世界》，每周一册，计三十册，这样用“分册百科”的形式介绍小说家，在日本出版史上可谓破天荒。

俏皮的川柳

日本狭长，从南向北，樱花一路开过去，不留痕迹，紧接着梅雨又从冲绳压将过来，压得人心更其郁郁。据文部省（职司教育与文化）调查，日本人活得很不安，正丧失那种不可一世的劲头儿。有诗为证：

哪个吊环都固定，上班族。（按：乘车上班，天天是那个钟点那个位置，车上的人都成了熟面孔。）

走时还睡着，回来早睡下。（按：起早贪黑上下班，竟然和妻子动如参与商。）

比馒头皮还薄的，脖子皮。（按：日语里脖子有解雇之意，源自“馘首”，即砍头。）

还没有担心下岗，公司先倒了。（按：这真叫人哭笑不得。）

不要抱奢望，那可是你的孩子。（按：丈夫讥讽“教育妈妈”。）

年收的五倍，总算能买块墓地。（按：上班族购房置地是难事。）

这就是川柳，世界上最短的诗型，但只能译出个大意，难以成诗。和俳句一样，仅有十七个音，印成铅字不过是松松散散的一行，也可以按五、七、五分作三句。日语并非一音一字，所以按汉字计算，比我国宋代的俳谐诗体“十七字诗”更短小。日本诗歌不讲究押韵，靠音数和句式营造节奏感。川柳的作法颇似文革年间毛泽东思想宣传队表演的三句半。俳句有季语（能表现季节时令的词语）、切字（用于断句的语气词，计二十二个）之类的格律，而川柳像中国顺口溜，极尽自由，以至有人说：俳句是憋气，川柳是吐气。“我心忧矣，我歌且谣”，近年经济不景气，上班族处境惨淡，拿它来吐吐一肚子怨气，也就是文人之所谓块垒，被称作上班族哀歌。

在网上时常读到一些流行于民众口头的顺口溜，大概也属于摩罗在《自由的歌谣》里说的：“一切歌谣，一切巫咒，都是弱者的灵魂的呻吟，是无奈而又无力的呻吟。”不过，古语有云，“天高听卑”，“天视自我民视，天听自我民听”，吟者无奈，但一旦天听到了，像电视剧里演的，就算是有了力量罢。文化大革命终焉之际，感慨万千，我也写过一首顺口溜：“旗手扒手吹鼓手，十年丧尽十亿心。大王尝闻布衣怒，载也民来覆也民。”虽为民之一口，但溜而不顺，居然好意思拿出来，是回头想来，载舟是民，谁覆舟就难说了，民也不要托大。总之，可发一噱。

顺口溜，更文学的叫法是民谣（民间歌谣）。清人杜文澜编《古谣谚》，从古籍中辑录上古至明代的民谣民谚，计三千二百首。刘毓崧为之序："诚以言为心声，而谣谚皆天籁自鸣，直书己意，如风行水上，自然成文，言有尽而意无穷。"这些话完全可以用来说川柳。川柳的历史比短歌、俳句浅。某韩国人论说日本人的秉性，一言以蔽之，是一个"切"字，倒可以从日本诗歌发展史得到支持。俳句和川柳都是从俳谐连歌切下来的，就好比我们从律诗切下来四句，独立为绝句。

连歌是一种集体性文艺活动，类似我国近体诗的联句，并且跟作诗要练习对仗一样，连歌练习写"前句附"。"前句附"指的是"前句"和"附句"的附和，有点像赋得体，"前句"是题，按题作"附句"，各逞机敏，互竞俏皮。"世上玩弄前句附，以至樵翁牧童，无不事之。"（《俳谐高天莺》1696 年刊）以文化传统悠久的京都、大阪为中心勃兴的这种文艺游戏，也波及新城市江户。大家都来写，自然就有人评点。江户出了个评点高手柄井川柳，投到他名下的作品年间多至七万首。他的评点使江户市井更乐此不疲。1765 年他去掉"前句"，单把"附句"的佳作合编刊行，从此"附句"定型为独立的艺术形式。这种小诗有过种种称呼，明治年间定名"川柳"。后世称江户时代的川柳为古川柳。川柳独具娱乐性，谁都能凑趣，向来为庶民所喜闻乐见。当今报刊几乎没有不开设川柳栏目的，行家主持，读者投稿。不过，顺口溜似的川柳从艺术上被正统川柳家看低。他们强调署名，理由是事关著作权，但无名氏们只求一吐为快，署名之处往往被用来点题，妙趣横生。

柄井川柳评选，把川柳分为三类，大致是时事、生活、情话。川柳的发想构思极自由，只可惜不能把陈寅恪的话——“无自由之思想，则无优美之文学”反过来说。自由就带有批判精神，难免政治压迫。二战期间，一位号鹤彬的工人作川柳反战，被警察逮捕，死于狱中，年仅二十九岁。更多的人搞过“敬神爱国，劝善惩恶”的川柳。“体察物理人情，直写出来，令人看了破颜一笑，有时或者还感到淡淡的哀愁”，这样的川柳被周作人视为上品。次之是“找出人生的缺陷，如绣花针扑哧的一下，叫声好痛，却也不至于刺出血来”。古川柳多是笑他人，而当代川柳偏重于自嘲，发出无奈又无力的苦笑。中国人喜好笑骂，怒也怒得亮堂堂，顺口溜基本没那种“淡淡的哀愁”。

似乎拿平民百姓的哀愁扯淡，街上又开始卖梦了——彩票，奖金翻一番。中头彩的机会比精子在子宫里撞上卵子大得多，不妨一试，就作了一首川柳：早中啦，人生的头彩，在娘肚子里。

滑稽的汉俳

江国滋的《俳句行旅》是1988年5月出版的，还在我来日本之前，偶然翻阅，想看看那时去中国旅行的日本人是怎样的眼光，却得到意外的惊喜，其中记述了林林先生。人生五十年，大概以前我独自拜见过的名人只有这一位，即林林先生。他当时有好些名衔，而我得以登堂入室，是他担任着日本文学研究会会长，我编辑杂志，去请他翻译俳句。江国滋说，先生在他的笔记本上用圆珠笔写下一首汉俳：

花色满天春

但愿剪来一片云

裁作锦衣裙

我之所以惊喜，就因为陋室的书架上也摆着这首诗。先生笑眯眯地拿出一枚色纸，伏在宽大的办公桌上挥毫。墨是研好的，看来他平素爱使用毛笔。那时我第一次看见色纸，由此生出的文化好感大大超过了80年代更其难得的索尼或日立彩电。先生“脸色红润，两簇长寿眉抖动”，给江国滋留下烙印，使我也油然忆起他的长者风貌。杨柳依依，算来先生已九十高龄。

早知林林先生是汉俳运动带头人之一，也读过一些人的创作，但到底把俳句看得太高深，连带对汉俳也敬而远之。来到日本，时间久了，发现没有报刊不登载趋时应景的俳句。俳句只有十七音，当代更少了规矩，以致一亿日本尽俳人，少说也有三千万。那条令人拍案叫绝的交通标语不就像一首俳句么：好急呀，如此小日本，去哪里？和千古绝唱“古池哟，青蛙跳入水声响”相比，伯仲之间耳。正因为过于普及，俳句常被用来做广告，也易于变成标语口号。现在重读林林先生的创作，漠然觉得名为汉俳，却恰恰欠缺了一个俳字。俳者，俳谐也。

连歌是两个人唱和，一人先吟发句（可断为三句，音节五七五），另一人和以付句（二句，音节七七）。付句的内容往往是承上，点明、归结、引申等。余兴未尽，故意用俚语俗谚，脱口而出，惹人发笑，那就是俳谐连歌。俳谐的发句独立，定型为俳句。所以，俳句本来是笑的诗，别具滑稽性和庶民性。芭蕉俳句讲求闲寂的禅味，但也不曾颠覆笑，而是提高了笑的意境和品位。这种笑，更需要有客观地审视自身的能力。

俳句切掉了付句，把那两句的意蕴和余地留给了读者，像是和读者唱和，悠然有不尽之味。俳句的含蓄甚而超逸了含蓄的概念，是一种“未完成”的效果。拿中国的歇后语打比方，就是省掉了后文。翻译成外国语，好似又加上付句，自然要添出许多的意思，甚而走味。汉俳非俳，并非因中文是一字一意，难以像俳句那样含蓄，而是根本未移植俳句的精髓——幽默。或许创作者们太想要开出中日友好之花，又极力向中国传统靠拢，结果一方面显出媚态，另一方面就自绝了前途。中国人缺少西方式幽默，但从来不缺少东方的滑稽，这只要听听街头流行的民谣就清楚，都像是汉俳的璞玉浑金。

芭蕉的俳号

作俳句的人都要起一个号，叫俳号，脱俗也罢，附庸也罢，总之是风雅。芭蕉，生于1644年，姓松尾，名宗房。十多岁开始作俳句，起初就是用本名。

1672年，年将而立，芭蕉来到江户，起了个俳号：桃青。这是从李白那儿套来的，“李白桃青”。百余年后的江户时代末季，汉诗坛独领风骚的梁川星岩写了一首《芭蕉翁像赞》：“仅十七字宛天工，能写人情近国风。持示村婆也能解，香山以后是蕉翁。”某当代日本人说这首绝句写得不好，我却觉得蛮有意思的。把松尾芭蕉捧为白居易以后第一人实不为过，而芭蕉本人或许更愿意自比李白。

东京墨田区内有一座桃青寺，传说原先叫定林院。芭蕉初来江户，依傍这禅院搭一间小草房悠游养闲，参禅问道。

江户时代中叶，一个叫长谷川马光的俳人在院内修建桃青堂，祭祀芭蕉，后来定林院更名桃青寺。这只是传说，可考的是芭蕉在江户当俳句师傅为生。

日本的文学文艺文化具有大众性，根子就埋在江户时代。俳句为大众所喜闻乐见，而且动手作，那时还不叫俳句，通常也不单独作，“自吟自泣无人会”（唐人诗句），而是大家团团坐，你一句我一句地联句，叫“俳谐连歌”，略为“俳谐”，浅易而滑稽，类似游戏。这种集体活动叫句会或俳席，需要人临场指导，还要给不会作诗也会吟的作品画圈打分，有人就发现商机，当师傅为业，叫作俳谐师。江户时代人分四等，士农工商，俳谐师跟医生之类超脱在外。当然不是谁都可以当师傅，芭蕉曾拜在北村季吟的门下，受业了一套理论、规则，这才有资格挂牌。

当时俳坛有两派，一派是贞门派，奉松永贞德为祖师，据京都兴盛五十年，已见衰歇；另一派是反抗贞门派而起的谈林派，以大阪的西山宗因为盟主。芭蕉历练了几年，二十四岁时在江户的日本桥一带开业。“家家巷巷”（芭蕉语）贪玩地竞作，比分数，争胜负，大概生意很兴隆。然而，凡事大众化必将迷失其道，俗不可耐。师傅被呼为宗匠，终日与众同乐，充其量只能是匠人，媚俗混饭吃而已，芭蕉干了两三年便收摊，迁居新填埋之地深川，过起了隐居生活。为俳句而生，终于有一天吟出“古池呀蛤蟆跳进去水声响”，别开生面，由此开创出自己的风格，即所谓“蕉风”。

深川的住处是一个有势力的鱼商提供的，看守鱼笼的小茅屋。芭蕉叫它泊船堂，这堂字缘于杜甫的浣花草堂，而泊船，不消说，取自杜甫的“窗含西岭千秋雪，门泊东吴万里船”。芭蕉在《寒夜辞》中写道：“在深川的三股岸边结草庵，远望富士之雪，近浮万里之船。”有个叫李下的门人送来一株芭蕉，第二年春天茎繁叶茂，院落为之窄，屋檐为其掩，于是，人称茅屋为芭蕉庵。芭蕉自称芭蕉庵桃青，后来干脆号芭蕉。他写过一篇关于芭蕉的随笔，说喜爱它容易被风雨破坏，或如折损的凤尾，或如分裂的青扇，自况自喻。

芭蕉这种植物应属于散木，而俳句不也因其是散木，“夏炉冬扇”（芭蕉语），才得以蔚为大观吗？对于怀素用芭蕉叶练字，张载见芭蕉展新枝而有感于进取，他不以为然。他的取向表明，无论多么欣赏并吸收中国思想与文学，终究有别于中国的传统心态，自成一路。芭蕉还作了一首《茅舍之感》：

秋高风怒号

何处盆罐响叮咚

雨打芭蕉夜

他隐居深川，得到弟子友朋的关照，优哉游哉，想来不可能“床头屋漏无干处”。屋漏、接雨并不是现实的景况，而是对杜甫诗境的超越时空的憧憬。茅屋为秋风所破，杜甫发出了“安得广厦千万间大庇天下寒士”的浩茫叹息，而芭蕉演出贫困孤寂，求索于内心，发现了闲寂之趣。用盆盆罐罐的响声写雨声，表现了俳句所特有的滑稽。这一时期芭蕉尝试借中国诗文走出一条新路径，俳句的风格即俳风属于汉诗文调。据今所见，此俳句是最初署俳号为芭蕉的作品。

芭蕉爱读白居易，元禄四年（1691）旅居在门人向井去来的别墅落柿舍，案几之上就为他摆放了《白氏文集》《源氏物语》等书籍。江户时代末年有人统计过芭蕉在游记《奥之细道》中引用或借鉴的中国古典，有《庄子》《论语》《唐诗选》，多达四五十种，遍及经史子集。芭蕉也熟读苏东坡，《奥之细道》中描述雨朦胧的象潟（在今秋田县），把“水光潋滟晴方好，山色空蒙雨亦奇”倒过来说：“如果雨亦奇，那么，雨后的晴色也会是潋滟的，足以期待。”又写过一篇《幻住庵记》，所云“非王翁、徐佺之徒，筑巢于海棠之上，结庵主簿峰”，这又是黄山谷的文句了。

用随笔把科学与文学融为一体的物理学家、随笔家、俳人寺田寅彦说：“阐说俳句的本质就是阐说整个日本诗的本质，也终将是阐说日本人的宗教与哲学。”正好十年前，即将跨入新世纪，报纸让读者票选这一千年的日本文学家，排出座次：夏目漱石、紫式部、司马辽太郎、宫泽贤治、芥川龙之介，之后是芭蕉，位居第六。但是从精神来说，恐怕首屈一指的应该是芭蕉及紫式部，他（她）们打造日本人精神，而近现代的文学家不过是探究、描述这种精神罢了。

记得好多年前读哲学家梅原猛的书，其中转述中国文学研究家吉川幸次郎的话，说：“日本人自古学中国文化，例如我们在中学时就读了《史记》，学了杜甫、李白。普通日本人都知道一些《史记》的故事，能背诵一两首杜甫、李白的诗。然而，中国知识人不想知道日本的小说《源氏物语》，对芭蕉甚至连名字都不知道。可《源氏物语》是日本的优秀小说，和中国的《西游记》《金瓶梅》不相上下。我认为，中国文学中最优秀的文学是历史文学和诗，而日本文学中最优秀的是小说和诗歌。像我们读《史记》或杜甫、李白的诗那样，中国人也应该多读点《源氏物语》、柿本人麻吕的歌、芭蕉的俳句，事实上却根本没有。这样，真正的日中文化交流是不可能的，也构不成真正意义上的日中友好关系。”梅原猛还补充说：“要真正知道日本，必须知道日本的文化；要知道日本文化，必须知道《源氏物语》、柿本人麻吕、芭蕉。”

芭蕉被崇仰为俳圣，相当于我们的诗圣杜甫。提倡讽咏花鸟的现代俳人高滨虚子说，俳句是芭蕉的文学。自江户时代以来芭蕉被置于整个俳句史的顶点，虽然近代俳句创始者正冈子规更推崇芜村。现而今中国已经有几种《源氏物语》

的译本，俳句也翻译了不少，却只怕我们还不能明白芭蕉这位俳圣怎么就“圣”呢。

也爱写俳句的小说家藤泽周平写过一茶传，为什么写一茶而不写芭蕉呢？他这么说：“芭蕉还有模糊之处，没浮起鲜明的面目。芜村是明快的，但过于明快，好像人的味道也不免稀薄。那就一茶罢，我说。一茶是倾吐二万首的俳人，而且是一个从弟弟那里夺取了一半财产的人，所以是小说人物。这么有点轻薄地不负责任地叨叨了之后，我就处于不得不把一茶写成小说的窘境。”

周作人说过：“俳句以芭蕉及芜村作为最胜，唯余尤喜一茶之句，写人情物理，多极轻妙。”

而我呢，喜欢读俳句，并不特别“粉”哪位俳人，说穿了也就是读《唐诗三百首》的水平。

几只蛤蟆跳水塘

日本俳句是非常大众化的诗型，人人都做得，倘若在中国，这样的诗就叫作顺口溜。“大鱼吃小鱼，小鱼又去吃虾米，虾米吃河泥”，此乃俳句也——这么说大概是出于调侃，但说者的心里倒也存了些俳趣。

在俳句史上，芭蕉是俳圣，地位相当于我国的诗圣杜甫。《古池》是他的代表作，千古绝唱，也成为俳句走向世界的范例。我国诗人林林是这样翻译的：“苍寂古潭边，不闻鸟声喧。一蛙穿入水，划破静中天。”

俳句极短小，几乎不能用理性或感情来欣赏，完全凭感觉。中国人常把它译成五言绝句，这在中国诗歌里可算短小了。江户年间，侨居长崎的清人程剑南把大岛蓼太的俳句敷演成五言绝句：“长夏草堂寂，连宵听雨眠。何时悬明月，松影落庭前。”俳味荡然无存，变成了地地道道的汉诗（中国近体诗）。与其说是翻译，不如说是创作，至少再创作。看来还是得仿佛五、七、五的音节，并且不押韵，多少给人以别具一格的印象。试译：五月雨缠绵，松枝挑出一轮月，今夕是何夕。如果讲求平仄和音韵，那就成了汉俳，又陷入中国诗的怪圈。

芭蕉的《古池》不过由一个动词和三四个名词构成，是极其简单的叙述，浅白自然，但三百多年来，其中到底含蓄了什么，读者浮想联翩，译者费尽心机。芭蕉晚年，弟子各务支考随侍左右，记述了芭蕉创作这首俳句的情景。那是春天，芭蕉先得了后两句，从字面直译的话，就是“蛤蟆跳进去，水的声”。弟子宝井其角在旁边，建议开头用“棣棠呀”，芭蕉没采纳，别出心裁，起首“老池塘呀”便不同凡响。有人觉得这首俳句表现了永恒与瞬间。池塘，而且是老的、旧的、古的，象征了永恒。蛤蟆跳进去发出的水声不过是一瞬间，电光石火。人通过这个瞬间感知了永恒。就永恒与瞬间的对比来说，意思有点像杜甫的“鸡虫得失何时了，注目寒江倚山阁”。

不过，通常都是从静寂的角度来解释《古池》。中国人迻译几乎一律取这种感受，图的是便于添枝加叶也说不定。苍寂古潭边也好，寂静古池塘也好，落笔就点破静寂，俳句的含蓄被一扫而光。老池塘，身临其境，一时不明白自己感受到什么。蓦地，有一只蛤蟆跳进去，池水作响。水声使人惊觉了周围是寂然无声。静寂的感觉确立了人与环境的关系。或许蛤蟆也被幽深压抑得蹑手蹑脚，但还是发出了声响，打破了沉寂。这声响明确了静寂的存在，使人顿悟。响声过后，闲静更加浩茫，但清醒地感受了静寂，那静寂就发生质变，不再单纯是自然的。《古池》表现的是听觉境界，蛤蟆跳进去是听见的，不是看见的。倘若起笔用“棣棠呀”，或者有声有色（棣棠，晚春开黄花，和蛤蟆搭配，自古被当作春景的标识），只怕会丧失静寂和永恒。译作中文，解释性描述使听觉境界变成了视觉境界，令人眼花缭乱，不得清静。用“鸟鸣山更幽”来说，芭蕉只写了“鸟鸣山”，而“幽”乃至“更幽”被翻译当作用武之地，侵占了读者想象的领地。中文译作大都是添加动词，例如我把“松之月”译作“松枝挑出一轮月”，终究破坏了日本式情趣。似乎中国人喜欢借动词来显示生动，而日本人总是在名词之间留下含蓄的余地，这也是两个民族在思考方式上的差异罢。学者中西进有言：“俳句是极其日本式的，但俳句的背后深深存在着中国文学。以至令人觉得，似乎正是在和中国文学断不开之处，俳句才成其为俳句。”本来我们中国人也能够领略的俳句往往被翻译给弄得索然无味。

关于“古池”，有一个有趣的议论，即到底是几只蛤蟆跳入老池塘——是林林毫不犹豫地限定的一只，还是一只又一只，像一位和芭蕉同时代的俳人吟咏的：一只跳进去，只只跳进水声里，这些蛤蟆呀。（这首俳句让我想到中国的古谚：一犬吠形，百犬吠声。）西方语言有单复数之分，翻译蛤蟆在数量上就出了问题。据说第一个迻译《古池》的是小泉八云，他把蛤蟆译为复数。中国人读《古池》，赏玩其意境，若计较蛤蟆的多寡，反而煞风景，自找没趣。

撇开永恒或静寂的神秘兮兮的哲理，也不妨换一个角度来欣赏。高滨虚子在《虚子俳话》中这样说：“春天来了，樱花初绽，草木发芽，即到了所谓惊蛰的时候，一直在土里的虫子一时都活动起来。蛤蟆也是其一。老池塘的水也温乎了，蛤蟆跳进去。这是四时循环的一个现象，是大地跃动的景象。芭蕉深深为之感动。”这般生机勃勃，跳进池塘里的蛤蟆自然不该是一只而已。其实，各务支考所记述的正是蛤蟆落水之声“扊扊”。就此作“汉俳”一首，如下：

蛤蟆跳水塘

谁家大锅下饺子

饥肠响春雷

连句与团队精神

没有哪两个民族能好上一千年，时好时坏是正常的，中日关系也无非如此。一会儿融融泄泄，一会儿又冷了，所以几年前我们的总理还有过“融冰之旅”。总理以诗传情会友，作的是汉俳。日本电视的学汉语节目借此又找来中日三十五人作诗，凑成三十六首。大概中方写汉俳，而日方用日文写，可能本来是俳句，再译成中文，也都被汉俳，就叫作“中日汉俳接力”。其实不妨叫唱和，揆席首唱，各色名人遥赠和，但无论对于日本的国民，还是中国的人民，“唱和”一词似乎已太雅，不如叫“接力”鲜活，好像餐馆玻璃缸里养的鱼。

中国有联句，日本有连句，联句起初也是叫连句。连句来自连歌。歌是和歌；日本把中国诗（古诗）叫汉诗，相对而言，日本诗叫和歌，也写作倭歌，或者倭诗。和歌有多种样式，通常说和歌，指的是其一的短歌，由三十一个音构成的定型诗。这些音断作五、七、五、七、七，上半部分的五七五叫长句，下半部分的七七叫短句。本来是一人独吟，大概受联句诱惑，也搞起二人联吟，谁先作长句，另一位续作短句，合作一首，这就是连歌。到了13世纪，长短句交替，七嘴八舌吟咏一百句，也叫作百韵。高朋满座，众人聚一处连歌，叫作座。在座的各位既是作者又是读者，叫连众，这是一个精神共同体。近现代文学的命题是自我表现，而连歌属于小圈子文学，并不是个人的孤独创作。芭蕉说，散会之后抄录和歌的纸就成了废纸，这意思就是连歌文艺的真髓全在于当场的愉悦，不是创作给外人欣赏的，作者与读者同在，创作与享受一体。这种封闭性文艺以伙伴意识为基础，顾及、应承其他人的意思、感情及语气，互相协调，共同完成。一个人是虫，三个人是龙，需要有一种团队精神。

逢场作歌，自有游戏性。出口成歌，妙在出人意表，而为了满座皆欢，少不了滑稽有趣。中国最古的联句诗，起句是日月星辰和四时，严肃有余，结句也滑稽起来，“啮妃女唇甘如饴”。贵族文化人追求优雅而纯正，连歌越来越文艺，也越来越小众。这就像当今的电视小品，只要不脱俗，不被文学艺术收编，观众就笑将下去，它也就不会玩儿完。另有人坚持走滑稽（俳谐）路线，勃兴了所谓俳谐连歌，从16世纪一枝独秀，17 世纪干脆略称为俳谐。芭蕉有俳圣之称，乃俳谐之圣，他活着的时候还没有俳句一说，所作是俳谐的发句。

连歌第一句是长句，发端发起，叫发句。第二句叫胁句，是短句。第三句就叫第三，结尾叫举句，中间的长句或短句统统叫平句。连众济济一堂，有主客、师徒、长幼之分，所谓起承转合，发句为起，由师傅、贵人、稀客、老者起头，召集人为主，作胁句承接。他们应酬之后，第三就要转，转出新意境。最后的举句则合得皆大欢喜。平句应该跟前面不即不离，既不为难续作，又要别出心裁。重复人家用过的词语、意思或情趣，即所谓轮回，是连歌的大忌。

发句并不是作为独立的诗而创作，但万事开头难，作为一篇连歌的起兴，发句自然有一定的独立性。而且是师傅、贵客的作品，便有人收集编纂，以供揣摩。偏重独立性，可单独欣赏，这种发句日见其多，叫作“地发句”，而专门为连歌而作的发句便叫“立句”。芭蕉的名作多数是地发句。

那时候连歌一般为三十六句，相继成篇，叫“歌仙”。十八句叫“半歌仙”。缘自古人编和歌集，选三十六位歌人之作，称作三十六歌仙。芭蕉参加或指导的连歌被称作蕉风连歌，以闲寂精神为根底，加意避免露骨的语言游戏。他游走各地，聚会连歌，但志在文学，高度艺术性使发句益发独立为一种新诗体。文学性消除游戏的魅力，芭蕉死后连歌就风光不再。19 世纪末，正冈子规写小说不成，转向传统文艺，把发句革新为俳句（俳谐之句）。之所以改名，也是让人们忘掉它本是连歌中具有引发之用的发句，后来俳谐连歌也改称连句。文学是孤独而严肃的自我表现，子规否定几个人一起作的合作性与即兴地接下去的游戏性，贬斥歌仙之类的连歌“非文学”。连歌出自和歌（短歌），而俳句由连句分离，或许这就像五言绝句，据说是从陶渊明时代的联句中断绝出来的。

正冈子规死后，跟他学俳句的夏目漱石曾试图复兴连句。现今作俳句的人很多，但连句少不得机智，规矩也较繁，作的人就不多了。1970 年代以来又有人推动连句，如参加中日汉俳接力的大冈信，他是著名诗人，还倡导连诗（新诗），走出日语，走向世界。

说来 16 世纪日本流行过和汉联句，有人咏连歌，有人吟汉诗，相映成趣。这要精通汉诗文才玩得起来，所以范围几乎仅限于大内和禅林。好像中日关系又需要融冰了，试一试汉俳与俳句联吟如何呢？

马悦然的俳句

知道马悦然这个名字，是因为高行健得诺贝尔文学奖，听说之所以得，得益于马悦然的翻译与举荐。不过，我对于偏居一隅的小王国拿钱折腾世界不大感兴趣，马跃然的大名也就知道了而已；大脑被这样占据的人名可不少，反正空着也是空着。某日，在书摊上看见薄薄的《俳句一百首》，以为又一本像大兵排三行的翻译，却蓦地发现书名旁边有几个蝇头蚊足的小字：马悦然著，好似大脑的老池塘里跳进一只蛤蟆，便买了回来。并且一路想：倘若在日本，著者的名字一定印得大大的，比书名更大些。俳句以及一百首，与马悦然相比，哪个更吸引读者的眼球？估计编辑也不是为俳句而是因马悦然才出版这种书，中国图书设计家的游戏规则到底是什么呢？“冬天的池塘，蛤蟆呱呱的声音，也冰冻了么。”马悦然写了一百首这样的俳句，十分钟读完，却又翻来翻去，忍俊默诵大半天，老马对于日本文学的感性把握远胜过当代中国文学。

马悦然的俳句是用汉语写作的，应归入汉俳，堪备一格。汉俳滥觞于1980年赵朴初写的两首诗《赠日本俳人协会诸友》，其一云："绿荫今雨来，山花枝接海花开，和风起汉俳。"此后好之者竞起，但除了五七五的自然数形式与俳句有关，几无俳趣。汉俳与俳句是两股道上跑的车，恐怕之所以受容五七五，也因为它本来是汉诗（中国古典诗词）自古沿用的句式。俳句五七五是十七个音，只容得下几个词，而汉俳是十七个字，甚而那就是十七个词，容量大增，宿命地拿不来俳句的最大特色——含蓄。例如把芭蕉的咏蛙译作"古池冷清清/一片寂静，忽闻/一蛙跳入池水声"，完全是解释，一览无遗，已毫无意境可言。"池塘生春草"，用汉文写俳句仅此五字足矣。

汉诗讲究诗言志。日本人也写汉诗，他们写汉诗时就会按中国的传统言其志，幕末志士的汉诗不乏比中国人更壮怀激烈的。俳句挑起另一副担子，侧重于写景。俳句出自俳谐。俳谐是一种唱和诗，开头第一句应景寒暄，从而形成了"季语"这一诗律。俳句定规用季语，即表现季节的词语，内容之中必然有自然景物或相关事物的意象。也有"无季"俳句，却时常被诟病。中国有韵书，日本有《岁时记》汇集季语，供作者查考。汉俳倘若用季语，东风吹，战鼓擂，大概也要带上些另类含义。日本人对天气、季节关心而敏感，固然与自然环境有关，同时也因袭着文化传统。见面说天气，乃寒暄之本义，但我们似乎受鲁迅之影响，听来就变成今天天气哈哈哈。

马悦然的第一首俳句："俳句的格律，之乎者也矣焉哉，仅此而已矣。"所谓之乎者也矣焉哉，指的是"切字"，这是俳句的又一条诗律。一首俳句只能用一个切字。印刷俳句通常是一首一竖行，而我们翻译往往按汉诗来感受或理解，把五七五理所当然地分成三句，以致引发了汉俳之想。其实，从语意与意境来看，一个切字只是把一首俳句断为两部分，例如芭蕉的咏蛙应该是：古池哉，蛙跳入之水声。如果切字放在了末尾，那就要一气而下。

正规俳句只一个动词，最后用名词收尾，余音袅袅。例如"山上的灯塔，尖锐的火矛刺破，深夜的黑暗"，从结构来看，马悦然的这首俳句与芭蕉的咏蛙何其相似乃尔，只是少了点含蓄，仿佛有什么我们所喜爱的隐喻。

作汉俳遣词造句每每追摹汉诗的古雅，而马悦然运用口语，从音节与词量上更接近俳句。他也用典，这倒是汉诗的了，例如"老和尚埋怨，一两大烟两块钱，怎得到辽西"，这个辽西应出自唐诗的“打起黄莺儿，莫教枝上啼。啼时惊妾梦，不得到辽西”。老和尚不仅抽大烟，还做起了女人的梦，看来不是个好东西。

读赵朴初的汉俳是在读汉诗；读马悦然所作，准确地说，他运用日常口语，不拘格律，活泼而风趣，具有游戏性，更像读川柳。俳句与川柳都源于俳谐，字句同样五七五，但各有来路。正冈子规说：“芭蕉以后之俳谐有幽玄高尚者，亦未必不含滑稽。”后来俳句几乎把滑稽拱手让给了川柳，就滑稽这一特色来说川柳才算是承续正统。拿我们的东西打比方，川柳比较像社会上流传的顺口溜甚或黄段子。

汉字的霸权

北野武是电影导演，作品大都以死为主题，在国际上也得过奖。作品多由他本人主演，一脸死相，大都是引人同情的人物。但一登台，无论多么严肃的场合，他也会突然做出个下流动作，露出真相，本来是搞笑的艺人。这个他不叫北野武，而是一连串假名，听来就像是“必得他笑死”。走红二十多年，东京满城的乌鸦有不叫的时候，电视上没有一天听不见他的公鸭嗓儿。

对于日本人姓名，我们一般采取“字译”，即照搬汉字，例如北野武。可是，近年来日本人爱用假名取名，该如何字译呢？显然，把“必得他笑死”还原为北野武，两种人物形象混为一谈，似不大妥当。又如井上厦，本名是厦字，但作为剧作家、小说家，他改用了假名。我们让他原“形”毕露，日本人见了汉字一时闹不清何许人也，尽管他是冠以著名二字的。又如以《东京爱情故事》闻名的女漫画家，复姓“柴门”，单名一个“文”字，发音为fumi，用两个假名。所谓名从主人，乃千年古训，到了日本人这里就出了麻烦，难怪总有点讨中国人厌。对于日本的假名，中国人既不取其音，又不用其形，这固然是假名的宿命，却也不免有一点汉字霸权的味道。

日本人的姓名有时从字面看无所变化，发音却别有讲究。例如小说家、评论家伊藤整，1950年翻译出版《查泰莱夫人的情人》，被警察用颁布猥亵文书的罪名送上法庭。法官问他名字怎么念？回答：本来念hitosi，但作为笔名念sei。D. H.劳伦斯的这部小说在哪个国家翻译都惹出风波，日本最高法院判决“其内容徒然兴奋或刺激性欲，危害普通人的性羞耻心，违反善良的性道德观念”，罚款十万日币。两年后出现伊藤热，畅销书榜上排出前七位，他的作品几乎占半数。《查泰莱夫人的情人》直到1990年代才总算出版全译本，时过境迁，恐怕连法官大人读了也不受刺激了。

像伊藤整这样，把名字由训读改为音读，几乎是日本作家起笔名的惯用手法，如安部公房、菊池宽、松本清张。松本是社会派推理小说的鼻祖，他觉得音读清张二字，听起来比训读更富有乐感。我们按中文读，无从比较，乐感也荡然无存。自然主义文学家正宗白鸟，白鸟而正宗，意思蛮不错，中文发音也不像打喷嚏。江户川乱步是日本侦探小说奠基人，追慕侦探小说始祖埃德加·爱伦·坡，笔名谐其音，并非喝醉了酒在江户川边上踉跄其步。二叶亭四迷是日本近代白话文运动的健将，我们读这个笔名，当然听不出“见鬼去罢”的谐音。文豪森鸥外说“《浮云》二叶亭四迷作，这八个字以稀奇的矛盾、罕见的落伍永存文艺史”，说的是字面而不是音韵。

日本人长于模仿，但若停留在模仿上，所谓学我者死，也就奇不到哪儿去。日本人奇在仿字当头，创在其中，结果人家的东西就变成自己的。他们不仅把中国造汉字拿了去，自己还仿造了不少，未见得泣鬼神，倒是叫本家为难，特别是那些人名地名。例如，纵横十字成阡陌，日本人造了一个之绕上边载十字，用作十字路口之意，也是个不算鲜见的姓。倘若哪位作家给小说的主人公取了这个姓，译者照搬到中文里，可看不可读，那整个译本就像是鞋里进了砂砾，一路硌下去。

和制汉语

日本人爱用外来语，制造些据说英美人也不知所云的英语，中国人就觉得好笑，虽然中国人自己制造的外来语如可口可乐，英美人也同样是一头雾水。其实，日本人不光制造英语，本来也制造汉语，但“脱亚入欧”以后，所谓“和制汉语”就少见了。

例如奥林匹克运动会，体育评论家川本信正在1936年将其译作“五轮”，这就是一个和制汉语。战败后，大概到1970年代，日本还多少制造些汉字词语，如“空调”、“空港”、“世界银行”，但后来用汉字意译日见其少，片假名的音译大行其道。欧美电影的片名大都不译成“邦题”，海报上一串串片假名，让人们看得直犯傻——阿Q画不圆的是圈圈儿，别以为他识得英文O。若把一本英文书用片假名从头“译”到尾，说不定也会被当作《尤利西斯》读。用汉字进行意译，是一个消化外来文化的过程，而今变成译者取巧，读者遭殃，也是大量生产、大量消费、大量废弃的时代使然。一些蛮好的和制汉语，如俱乐部、混凝土，他们不用我们用，汉字也就没白白让他们用了千百年。

中文里和制汉语相当多，但因为是汉字，就没人在意旧瓶装了新酒。1984年出版的《汉语外来词词典》收入八百八十六个，如我们经常挂在嘴上的词语：广场、立场、场合、手续、内幕、电池、科学、工业、商业、银行、警察、简单、必要、选手、地球、神经、共产主义。明治维新前后，日本为拿来西方文明，呕心沥血，一二十年之间制造了大量的和制汉语，那气魄空前绝后。接吻是其一。1878年织田纯一郎用汉文直译英国小说，改变了日本小说的走向，那时他把接吻译作“一尝朱唇”。恋爱是中村敬宇在1870年翻译《西国立志编》时的造语。交响曲、协奏曲、奏鸣曲，以及情报、美学，出自近代文学家森鸥外的译笔。哲学是启蒙思想家西周的名译，最初译作希哲学。他还把舍密学改译为化学。美丽这个词也归功于他。有调查统计，当今中文里出现频率高的前八十八个双字词语，二十八个是Made in Japan。进化一词，当初至少有六种译法，最后才定于一尊，如今这种创造性翻译的文化精神在日本已荡然无存。他们丧失了汉学素养，不可能再创造和制汉语。中国人若不说电子邮件，就会像模像样地直接说 E-mail，或者色色地音译成伊妹儿，无须再绕道日本，更不必借助片假名文化。

日本人用假名把美国叫作阿美利坚，前些年还议论到底是合众国还是合州国。合众国是中国人的名译。有时用汉字意译也产生误解，据说和制汉语的电子计算机就一度妨碍了人们对它的理解，以为是用来算账的电算盘。堺屋太一当科技厅长官以前说过，电脑这个词中国人译得好。电话是和制汉语，大概电脑是照葫芦画瓢，谁说我们中国人只会创造不会模仿呢。邓小平说：中国对日本人干了几个坏事，其中最坏的一个是输出汉字，这么没用的东西苦了日本人民。日本人不再搞和制汉语，就是要脱离苦海罢，但苦海无边。

造词儿

东京街上流行厚底靴。有曲线或者没曲线的双腿支在砖头似的鞋子上，好像历险记的木偶，岌岌可危，教人觉得这世界越来越玩悬的，以后看京剧舞台上的中国特色，友邦也不再惊诧。这个流行没用外来语，看来震源就在大东京，欧美女人无须这般追求高度。听说也流行到中国，起名松糕鞋——像女孩子爱吃的糕点，听来挺可爱。以前有人把卡拉OK译作客乐我，未见流行，可能是因为既不洋气，又不现代，若想到日本近代第一个纯文学杂志《我乐多》，则尤觉陈腐。

出现新事物就会产生新词，那事物如风似水地流行，新词也可能变成流行语。日本人喜好新奇，形形色色的新词更容易在社会上时兴。所谓同声相应，同气相求，人们用流行语确认同层次意识，并显示本人不落后于时代。日本政府1998年版《青少年白皮书》指出“援助交际”等词语的流行造成追随模仿，是青少年不良行为的新特点，堪称流行语的一大罪过。日本有一个流行语大奖，一年将尽之际筛选公布，行之多年，已成为年末一景。选出的流行语好似给那一年画龙点睛，虽然时常点出些苦笑。诚如大宅壮一所言：“流行语是给时代、世态起的绰号。”

大宅壮一是造词高手，战后流行语不少是他的杰作。例如“恐妻”，就是怕老婆，是他1952年创造的，那时候日本“结实起来的是女人和袜子”。大学大众化，同时也低俗化，他讥讽大学像各处车站出售的“车站盒饭”。日本于1953年开设电视台，为时三年，大宅就批评：最发达的电视传播最低级的文化，粗杂卑俗，使一亿日本人都变成白痴。一亿日本尽白痴，而且电视又造成“一亿日本尽评论家”时代，连二十来岁的女孩子学说几声忧患也转眼就成了评论家。

畅销作品的书名每每变成流行语，形成一种社会现象，如太宰治的《斜阳》，渡边淳一的《失乐园》。小说家是无心栽柳，而自称无官位、无思想、无宗教的大宅壮一是社会评论家，他的流行语多是对社会现象的批评，一针见血。1956年石原慎太郎的小说《太阳的季节》获得芥川奖，大宅发表《“太阳族”健康诊断》一文，说他们是品种完全不同的日本人，算盘和自卫术高人一等，是彻底的利己主义者。虽然此前有“斜阳族”的说法，但社会上流行用“族”字造词儿，如“窗际族”、“暴走族”，始自大宅的“太阳族”。大宅是话语领袖，同样的话语他说出来人们就立马接受，流行开来，大众毕竟有追随权威的心态。

千石的念法

学外语听说过这样的说法：英语是哭着进去，笑着出来；日语是笑着进去，哭着出来。一看见汉字，几乎都认得，先就笑了，未必是好事。常言道谁笑到最后谁笑得最好，外语世界也概莫能外。不过，日本使用汉字，对于中国人毕竟有方便之处，比如看见站牌是“千石”二字，赶紧下车，顺着指示走，就找到“三百人剧场”，那里经常演中国电影。

这个“千石”，旅居日本的中国人会话，就叫作 qianshi。某日，一深谙日文日事的老先生指出：你们都叫错了，应该念 qiandan，是千石粮食的石，不是一千块石头的石。他当然是对的，但作为地名，照搬字面，用中国音来读，似不必深究其意，他的学问反而被当作笑谈。试试真的说 qiandan，听者就成了丈二和尚摸不着头脑——我一直不明白：矮和尚头脑就摸得么，像阿Q摸小尼姑那样？横滨，日本是写作“横浜”，没人把“浜”念成沙家浜的浜。与我国青岛市同一纬度的金泽在日本海边上，第二次世界大战期间未蒙受战火，还保留着明治时代以前的风貌，城里兼六园是日本三大名园之一。16世纪末前田利家入主金泽城，统领加贺、越中、能登三国，食禄百万石，历经几代藩主，构建了独具特色的“百万石文化”，如今旅游也以此为招徕。我们取其意，自然而然地说成百万dan之旅，没人当它是石头。

在居酒屋（酒馆）喝酒，清酒论“合”。合，本来是中国词，读若ge（上声），十合为一升。我们只当作日本话，就叫它he。初来日本时，被“一升瓶”的大瓶子清酒吓了一跳，喝到嘴里却没劲儿，淡如君子之交。因为没劲儿，才需要用大瓶装，往桌上一立，能显出一点何妨醉后死便埋的气势。但酒馆通常只是用酒壶，满满筛一壶酒来，“一合”也罢，“二合”也罢，实际不过是一个虚数，店家说了算。

用中国的读音说日本话，有时也难听，倘有一女孩儿冲你说“dabian”，一遍又一遍，岂不有失可爱。原来她说的是日语“大变”，字典上解释有不得了之意。汉字的形和音都招人联想，写散文有大名的董桥就不愿用“便”字，因为他总是要想到大便小便。董桥散文写得好，但有时觉得像人妖在那里顾盼生姿，美则美矣，不禁起一身鸡皮疙瘩。中国人感性丰富，比如东北二人转，在炕头上猫冬听人唱，盎然趣味就全在联想，什么“小伙子硬啊，硬啊，硬不讲理；大姑娘紧啊，紧啊，紧绣花红；老太太松啊，松啊，松柏常青……”当年知识青年到农村去，风华正茂，接受贫下中农这样的再教育也很有必要。赵本山小品走俏多年，笑点不正是打这类联想的擦边球吗？

同样用汉字，有时也添乱。例如，日本把中国的崛起译作“抬头”，有的人竟然不把人家的日文当日文，望文生义，说是增添了中国威胁论的强烈印象。

坐卧

从前东北农村有三大怪：窗户纸糊在外，姑娘叼根大烟袋，养活孩子吊起来。把抵御风寒的纸糊在窗户外面（土话叫“溜窗缝”），把摇篮（土话叫“悠车”，可能忽悠一词就是打这儿来的）悬挂在房梁上，这是生活的智慧。而生活还会有寂寞，大姑娘家也是用抽烟来打发，再就是听赵钱孙李的本山们唱小曲，在长长的垄沟或热热的炕头解闷。三大怪是对另一种生活习俗的见怪，我来日本也这样，第一怪应属塌塌米。

日本人基本生活在塌塌米上，如今房间里家具比过去多多了，但是在我们看来，仍然有家徒四壁之感，便以为他们生活是简素的。其实，简素与否，日本自有标准，那塌塌米也可以奢华。中国人有了房子，装修之外，就是要购置家具，而日本式房屋建好了，立马能搬进铺盖住，真个是“下莞上簟，乃安斯寝”（黄遵宪语）。塌塌米以稻草为芯，外裹蔺草，用布或锦包边。满屋塌塌米，美就美在包边上，古时候包边材料有身份等级的规制。晨起，被褥统统收进壁橱里，便家徒四壁。睡塌塌米有如下乡睡在稻草上，梦里稻花万顷香。卧是颇为舒展的，不妨睡个大字，坐就难能可怕了，我不会跪坐，也胡坐不来，只能放肆地伸直双腿，做簸箕状，古之曰箕踞。于是每事问：中国早就用床用椅子，譬如扬之水著《终朝采蓝》考证“唐代是低型家具与高型家具并行，也是跪坐、盘腿坐与垂足坐并行的时代”，为什么日本遣唐使往来两个半世纪，与有唐一代相始终，居然没拿来椅子呢？

其实，日本早就拿来过，有6、7世纪的土偶为证，巫女或巫男垂足而坐，坐具仿佛是后汉那样的折叠式胡床。国宝仓库正仓院藏有8世纪的胡床，方方正正，后有靠背，两侧有栏。这样的椅子不仅有贵族文化的意义，并当作权力象征，天皇高居其上，其他椅子也分等，太子、亲王和从三品以上的大臣才能坐，限制了普及民间。几场火灾烧毁了皇城，14世纪天皇举行大典已不见高坐的椅子，席地敷茵，左右置凭几。明治天皇即位也平坐，四十多年后的1909年颁布《登极令》，这才恢复了“高御座”。大正天皇登极时复制的高御座保存在京都御所的紫宸殿，春秋时公开展示。奈良纪念建都一千三百年，在平城宫遗址复原了大极殿，大老远地去看，里面就一个高御座。

宫廷里椅子消亡，但是自13世纪后半禅宗和尚们又从中国拿来了椅子。这时中国已经是宋代，扬之水写道：“两宋一个重要的改变是垂足坐的通行，它并且进入一向保守的礼制系统。”1223年道元禅师前往大宋，三年后归国，开山日本曹洞宗，他是只管打坐的，却又立文字，撰述《正法眼藏》。道元为永平寺拟定清规，这般坐禅：住持从北门入，先到文殊菩萨前诵经，再到椅子前，向椅子唱诵，转向文殊菩萨唱诵，揭袖就椅，脱鞋收足，结跏趺坐。可见，禅宗拿来椅子是用于坐禅，并非垂足而坐，也不倚靠。绘画上常见椅子前面有踏台，台上一双鞋，要不然也看不出袈裟底下是什么坐姿。

禅宗在幕府主导下引进并兴盛，但世俗的权势们不曾把椅子从禅寺搬进府邸，莫非椅子当初是皇权的象征，将军不能僭越，而后来皇宫不再用，将军也无处可用，江户时代塌塌米生活已完全定型。早于欧洲，宋末及明代已经把椅背造成S形弯曲，符合现代科学的姿势理论。日本不作为日常生活的用具，只用于抬高地位，意义不过是装饰与象征，以致他们在椅子上没显出改造的才能，从未达到明清水平，顶多去掉四条腿，用在塌塌米上——日本吸收外来文化也常像这种半截椅子。

1853年日本被彼理率美国舰队敲开国门，折冲于衽席之上，岂容“于礼法如禽兽”的列强坐在椅子上俯视大日本，所以总是为坐法咻咻争执。于是第三次拿来椅子，这回是从欧美拿。不过，到周作人留学的20世纪初叶，一般日本人依旧守着传统过活，令他羡慕一板车就拉走全部家当。被美军占领，给他们的家庭打家具，对美式现代生活大开眼界，日本人便有了追求目标，奋斗不止。诚如扬之水所言，“虽只是家具的增高，但在社会生活中引起的变化却很大，比如观念，比如生活习俗乃至礼俗种种，甚至可以说牵一发而动全身，因此这一番变革并非成于一朝一夕，而是经过了一个持久的过渡”。日本自明治年间以至于今，生活大大西方化，但是“由席坐而转为高坐具上的垂足坐”仍处于过渡中。很多日本人上班上学“着靴垂脚坐”，回到家里脱鞋上塌塌米，被视为国民性格二重性。在公司坐一天椅子，晚上进酒馆，倘若是旧式，脱鞋上塌塌米，顿时有解放之感，大为舒适，虽然也得闻阵阵臭气。

我们相信旧的不去，新的不来，在破旧立新上比日本痛快得多。离开东北农村多年了，不知还有没有三大怪，要么像东北小调一样流为国风，要么衰亡，恐怕东北大炕也睡不了多久了罢。

岁时记

诗云："梧桐叶落闰难知，荠荚枝抽不计期。只记看花携酒去，明朝日曜得闲时。"

黄遵宪的《日本杂事诗》是"有用之书"（王韬语），当时很被人爱读，版本甚多，虽然如周作人所言，"诗也只是寻常"。黄遵宪曾加以改订，跋云："使事多暇，偶翻旧编，颇悔少作，点窜增损，时有改正，共得诗数十首，其不及改者亦姑仍之。"这里引的诗却是原本上的，属于拉杂摧烧之属，但想拿它来说事。

中国人本来最有季节感，把节气分为二十四，何其细致。不知打什么时候起感觉沙漠化，粗糙冷漠。日本人似乎不大有人定胜天的念头，西装底下保持着农耕的季节感。不过，东京城毕竟是钢筋混凝土结构，月历牌上印刷的节气变成现实感觉，多是商家叫卖出来的。唯有瓜果蔬菜，或飞机运送，或温室栽培，秋光常在，越来越显得四时无序。有道是：楼高南北灰一色，寒暖摊头瓜果陈。过了中元迎岁暮，商家叫卖四时新。

中国也改行市场经济，大小商店便忙着商品换季，像梧桐树一样；古人说梧桐知日月，每月生一叶，逢闰月则多生一小叶。“梧桐叶落闰难知”，但日本人知时节可以依赖岁时记。物理学家、随笔家寺田寅彦说：“岁时记是日本人的感觉的索引。”中国过去有《荆楚岁时记》《燕京岁时记》等书籍，记录岁象时事、乡土风俗。日本的岁时记是词汇手册，把所谓“季语”分类排列，施加注释，并附有例句（俳句之句）。最早用“岁时记”三个字的是泷泽马琴，1803 年他编印了《俳谐岁时记》，后来蓝亭青蓝加以增订，名为《增补俳谐岁时记刊草》，收季语三千余，流传甚广。本来是写作俳句用的，类似中国的韵书，所以现在的岁时记全称应该叫“俳句岁时记”。

俳句是短小的格律诗，基本定规有两条，一是音数，再就是季语。这些表示季节的词语约定俗成，有点像典故。例如“春泥”，岁时记上这样解说：“指早春的泥泞，东风解冻时多雨天，且气温尚低，大地干得慢，所以马车道也好，市街也好，泥泞到处可见。”现今东京城，什么样雨天也不见泥泞，此类“季语”已落后于时代。季语丰富多彩，不单是自然现象，还有那些生活中反映时节的事物。讲谈社出版的《彩色版新日本岁时记》淘汰了过时的季语，如蚊帐、夏时制，收入新季语，如花粉症、森林浴、黄金周。像一些中国人墨守古韵一样，也有不少日本人非固执旧岁时记不可。听说战争年代曾发生一场争论：在侵占的土地上作俳句该如何用岁时记？当过东京市长的永田秀次郎主张因地制宜，在什么地方就编制什么地方的岁时记——他那时是新加坡军政府最高顾问，不消说抱有政治意图。现今日本人满世界游走，《世界岁时记》之类的图书也问世了。

日本人的季节感不仅与日常生活相关，还带有文学性，非常有意思。他们总能把事物弄俗，用来装点生活，这也是日本文学以至文化的一大特色。从季语引发感慨，好似先查了“索引”再创作俳句，季节感就不会那么自然了。面对自然，中国人追求个人感悟，而日本人藉以认同。季语的流弊是变成套话，按图索骥就更其可笑了。岁时记一般按阴历编排，在通行阳历的当代就产生一个难题，即阴历与阳历的不合。“立春”是春天的季语，却正当阳历的冬天，用起来不免别扭。有人在尝试改革，解决文学与现实的矛盾，我们外人就不必插嘴了。

情人节

二十年前初到日本，才知道四海之外还有个情人节，而且，真就有女性送来巧克力，吓一跳之余，想入非非。后来得知，只因我是她见识的第一个外国人罢了，再后来又知道，不只送了我一人，巧克力博爱。虽然甜在了心里，却也不曾关怀到人文，而今中国也过起了情人节，这才留意到日本的独具特色。

从情人这两个字的翻译来说，恐怕第一个吃螃蟹的国人对情人节已抱有别样的心思。日本用外来语，一看就知道是舶来品。情人节来自欧美，什么事物一传入日本，再追究来路，最终往往惟其惊叹他们的善于改造而已。就说这情人节，被日本人过出了两大特色，一是只送巧克力，二是只女人送给男人。据说，最早是神户的洋点心店在上世纪30年代打出广告，鼓动情人节馈赠巧克力，以表爱心。50 年代末东京的伊势丹商店搞情人节推销活动，但三天里只卖掉五块巧克力。从调查记录可知，1959 年人们对情人节的认知仅止于百分之三。经过报刊广告的宣传，60 年代呈蔓延之势，也不过浅尝辄止。到了 1970 年代，却蓦地在中小学生当中流行起来，情窦初开，仨女生就有俩送巧克力给心仪的男生。女中学生领导新潮流，年龄爬升，流行到女上班族当中，结果便定型为日本特色。

或许从女性在职场屈身摆鞋、举案上茶来说，能主动赠送男性同僚乃至上司巧克力也可算是一个自我主张。送来送去，巧克力毕竟不是丘比特神箭，失去爱的魅力。自 1980 年代前半，情人节变味，变成人情节，连主妇也大送特送，真有情的女性只好往贵上买。这时候洒家正好来到了日本，便得到几乎人人有份的人情巧克力。那年月见日本钱算人民币的账，很看重那几块巧克力的人情哩。现在情人节已然是仅次于圣诞节的非法定节日，不仅职场送，家庭里也送，女儿送父亲，母亲送儿子，媳妇送公公，其乐融融。但问卷调查，实际上多数人反对这个新习俗。近年又兴起友情巧克力，女性之间互相送，一起吃，不管男人了。

既然是送人情，拉关系，那就来而不往非礼也，还了礼才能把这份人情抵消，不欠人家的情。出于这种秉性，1980

年前后日本人把情人节加以发展，又搞出一个白色情人节，定在3月14日，男性向女性还情。男人当慷慨，礼物不限于巧克力，钻戒也说不定。但不知这个节日能否“脱亚入欧”，传回欧美去。商人转脑筋，由3.14想到π，3.1415926…，于是推销“派”，这样的文化就只能是露骨的商业文化了。更有意思的是韩国，那里的情人节基本受日本影响，独具特色是关怀到2.14或3.14都没有得到礼物的人，让他或她4.14大吃炸酱面。

任何节日，即使是敬神祭祖，终归也落实在活人的关系上。洋的就是洋的，没必要往土里掺乎，土洋结合，最典型的是五一、元旦，中国人过了这么多年，仍然不亲切，跟星期日差不多，这就是所谓没有传统文化的底蕴罢。听说一些文化人主张把七夕定为“中国七夕情人节”，而且还争论，什么“中国情人节”不妥，应称为“中国爱情节”，难道中国文化已啰唆到这种地步，非得拙劣地模仿外国话，就叫它七夕不是很传统吗？中国的节日多重视阖家团圆，缺少让年轻人独自快乐的机会。常听说年轻人需要宣泄，飙车、乱写乱画、当粉丝都是为宣泄，那么，多一些节日，商人操作，让他们去宣泄也没什么不好。

从失乐园到情爱多元

经济迟迟不见起色，新年伊始，小说家渡边淳一又出来说话。他是有资格指手画脚的，要知道，在百业萧条中，他的小说依然很景气，一部《失乐园》就销行近三百万册。老渡边还是兜售他吃了一定有特效的药方——大家都来“失乐园”。道理简单，简单得近乎玩笑：日本没有不花钱的爱情，多谈些情，多找些爱，于是，衣要新，脸要美，吃大餐，宿旅馆，男男女女起劲儿消费，经济自然就复苏了。

去年新春渡边淳一就为日本经济开出过这个方子。他算了一笔账：已婚人口约三千二百万对，只要有半数，不，只要有三分之一搞婚外恋，每人每月多花五万日元，就将近一兆七百亿。年底他又出版一本《反常识讲座》，加大药量。他再算一笔账：日本国民总资产约一千二百兆日元，其中七成握在六十岁以上的人手中，可这些人有钱不花。如果他们能个个老不正经，大把大把地花钱，日本就活了。我们常觉得日本男人色，但由此看来，色度还远远不够。

渡边淳一被讥为“下半身作家”，他来谈人的动物本能啦一夫一妻没道理啦，听众可能严肃不起来，那就请两位大名鼎鼎的理论家帮他做个注脚，李泽厚和刘再复。他们回望20世纪中国，告别革命，对话时也触及这些反常识的问题，称作“情爱的多元”。虽然用语很哲学，却也不曾把问题复杂化，因为食色，性也，本来最原始。他们反对一元的情爱观，主张理、情、欲，这是人类生活的基本要素。情也就是理（理性）与欲（本能）的融合或结合，具有多种形态、多种比例，夫妇的爱和情人的爱就不能互相替代，爱可以多元化。情爱多元，应当是社会人生情感领域的普遍性原则。

他们侨居美国，担心此一观点若是在故国提出，很可能引发一场大辩论。其实也未必。渡边小说不就在日本企业接踵从海外撤退之际，红红火火地“进出”海峡两岸吗？对他来说，大陆是二进宫。记得十几年前在国内做编辑，渡边淳一以及西村寿行等日本作家也蓦地风行过。当时中国尚未加入世界版权公约什么的，无所谓盗版，但迅即遭禁，因其色黄也。那一波热潮多半是新兴的书商操作，他们看好的正是这一点，被扫荡也无话可说。今夕何夕，《失乐园》在中国畅销着，还是那个色，甚至更黄了，而渡边淳一已经被捧为情爱大师了。

师走

一转眼又到了12月，人情之常，谁都有岁月不居之感。而我这样的懒人值此又得以痛下决心，一切从新年开始，便抚平了虚度一年的懊悔。岁月不饶人，自己却总是饶过自己，周而复始，侨居日本忽焉已过去二十个春秋。

说来我倒是喜欢日本的12月。

孙中山建民国，“行夏正，所以顺农时，从公历，所以便统计”，我们把农历（夏历）12月叫腊月，日本是叫作“师走”。他们给历月起了好些名，自明治五年（1872）11月改用公历，这些叫法也跟了过来。6月叫水无月，10月叫神无月云云，当初大概反映了自然现象，却也像我们拿来什么主义，越弄得没了原样就越有特色。中国人不忘本，往哪里一戳俨然一中华文化，人家把春节挪到元旦过，我们在日本就跟着过了阳历年再过阴历年，东西合璧，顺而便，哪边的好处都不丢。

12月为什么叫“师走”呢？望文生义，说是每当年末伊势神宫的御师到各地分发皇历，东奔西走。《释名》曰：“徐行曰步，疾行曰趋，疾趋曰走。”日本“走”还用着汉字的古意。继续望文生义，更时尚的说法是：你看，一到12月，大冷的天，那些也叫作法师的和尚秃着头，有的还开着宝马、奔驰，四处做法事，就属他们忙。不过，编纂《广辞苑》的语言学家新村出说：抛开字面，从发音来解释，“师走”乃年终之义。先人拿来汉字的发音标土语，后人却按着汉字的意思来诠释，一误再误，这种事日本很常见。

12月的东京岂止和尚忙，人人都忙得不亦乐乎。除陈布新，首先要除尘。某日本人著书，说这么重视与祭神相关的清净性完全是日本式的，不免又犯了动辄把中国的水引进自家田地的毛病。平凡社“东洋文库”收入《梦粱录》，作者吴自牧，宋末元初人，记临安腊月：“士庶家不论大小家，俱洒扫门间，去尘秽，净庭户，换门神，挂钟馗，钉桃符，贴春牌。”有人批评中国人虎头蛇尾，证据之一是春联贴到门上就不管了，破破烂烂，可是，一年到了头才把新桃换旧符，正是中国老传统。岁暮电视上播映寺院神社“大扫除”，倒真是日本所特有。不用扫帚，用带着绿叶的长竹竿，叫“煤竹”，扫落天井等处的积尘。像一种仪式，也像是广告，往往很热闹。日本的神佛供奉很森严，掸尘时开龛亮相，有信仰心或好奇心的便赶去看个究竟。翻历史老账，起初洒扫的时日不一定，江户年间，第四代将军德川家纲执国柄之世定为12月13日，但明治维新以后，生活方式及习惯大变，自不必等年终才结算似的大扫，这也跟我们今天差不多。

近年来中国到处复旧，当然不是复“旧社会”，复的是旧风俗，虽然多属于故事新编也未可知。诚如周作人所言：“唯此类风俗大抵根底甚深，即使一时中绝，令人有萧索凄凉之感，不久亦能复兴。”东京还保留的习俗有“师走”庙市，你方唱罢我登场，但我只逛过浅草卖羽子板的。打羽子板是一种游戏，有点像原始羽毛球，女人和孩子过年才应景玩一玩。据说这玩意儿也源于中国，却不知在中国是怎么的来龙去脉。我小时候玩过，好像是日本人遗留在东北的。羽子板为长条状，上宽下窄，有柄，很古就在那上面涂画，演变为吉祥物。19世纪初，用纸、布、棉做成花鸟人物等贴在上面，浮雕般凸凹有致，叫“押绘羽子板”，装饰新年。当代也有画风云人物的，如总理大臣，好似美国的登上杂志封面。这种羽子板被定为东京传统工艺品，每年12月17日至19日在浅草开市，乃年末一景。繁盛不衰，因为有一个风俗：孩子生来第一次过年，给男孩买破魔矢、破魔弓，女孩就给买押绘羽子板，亲朋好友也买来馈赠祝福，大家赶庙市，人头攒动。电视上过年，象征性镜头之一是身穿和服的年轻女人或孩子打羽子板，可我从未遇见过，怕是只有记者才拍得到哪里还有人玩。

“师走”还有一忙，那就是忙写贺年片。小说家池波正太郎为人有礼，要寄出千余张贺年片，每年入夏就得抽时间一张张写，那或许是一种乐趣。我对这种帮邮局挣钱的事向来有反感，但入乡随俗，逼到年底也不得不投寄三五张。清人顾铁卿写过拜年的事：“至有终岁不相接者，此时亦互相往拜于门。”日本人寄送贺年片也就是这么回事，还省了往拜之劳。

话说了许多，倒像我并不喜欢日本的12月，真的很喜欢，因为12月是喝酒的月份。日本有一个说法，说喝酒的理由有三：一时二友三肴。酒逢知己千杯少，西出阳关无故人，跟朋友聚饮当然是再好不过；若有好的下酒菜，自斟自饮也可以怡然自得；至于时，逢年过节，红白喜事，而日本12月就到了忘年会时节，酒更是非喝不可了。

时届年尾，各色（肤色）人等都会有聚饮的心情，并非日本所独有，但唯其“忘年会”被说得玄而又玄。从实质来说，忘年会跟台湾的尾牙、大陆的联欢没什么两样。我们说年底了，哥几个撮一顿，而日本人就说开个忘年会罢，如此而已。替昭和天皇修改降书的阳明学家安冈正笃在1941年写道：忘年会有忘掉一年的劳苦，用新鲜的心情迎接来年的意思，还不清楚这种事从什么时候开始的。这不就是中国四个字："辞旧迎新"吗？忘年会盛行是20世纪60年代以降，当时有学者分析，说那是给喝酒找借口，或者借酒劲儿发泄对公司的不满。至于根本原因恐怕还是在经济大发展，公司都不可一世，开忘年会犒劳员工，渐成惯例。听说台湾吃尾牙源于祭土地爷，老板请客，盘中鸡头朝向谁，谁就被炒鱿鱼，以致有这样的俳句：吃醉了尾牙，明天就去找工作。如此煞风景的事，日本不会摆到忘年会上来。

据加藤周一说，日本社会显然有一种"把过去付之流水"的倾向，争执快忘掉，不要没完没了地纠缠过去。将这种不承担责任的倾向加进忘年会的内涵里，杯酒泯恩仇，却像是外国人强作解人，在那里制造"日本神话"，似乎中国人尤其信此说。前年看过一个调查，日本绝大多数人都愿意参加忘年会，和谁开呢？男性大都是工作关系，女性跟亲友。为什么开？因为大家吵吵闹闹很快乐。多数人喝了一家再喝第二家，叫"二次会"，这在中国还少见，男女老少吃罢抹抹油嘴就急着回家。"忘年会"这三个汉字指不定哪天拿回来，开得有过之而无不及。日本人下酒馆也吵闹，但偏偏中国人被告诫出国不要在公共场所大声说话，问题在哪里呢？在不分场合。“场合”和“立场”都是日本人造的词，我们把“立场”用得很坚定，却好像不大明白“场合”的灵活性。

醉才能忘，今朝酒醒何处，何止忘年。樱花蓬勃的春天，红叶烂漫的秋天，各有特色，而冬天萧瑟，甚而凛冽，抬不起望眼，就死心塌地钻进酒馆里，温一壶小酒，别有乐趣。即使没有忘年会，腊月“师走”也是喝酒的好时候。

还历

在一种 PR 杂志上读连载，最近一期写到山县有朋的“还历”，是 1898 年，即明治三十一年，戊戌。他是天保九年戊戌出生，到了明治戊戌就虚岁六十一。这一年设元帅府，他是陆军大将，当过内阁总理大臣，为元帅第一号。登峰造极此还历。满六十的生日在广阔的宅第椿山庄举行祝筵。闰四月二十二日生，换算成阳历，就是 1838 年 6 月 14 日。他习惯生日过阳历。这并不稀奇，明治天皇也如此。嘉永五年九月二十二日换算成阳历，明治天皇生于 1852 年 11 月 3 日。“天长节”本来是九月二十二日，明治六年改为阳历 11 月 3 日。后来定为“明治节”，再后来就变成现在的“文化日”。

这里想说的是“还历”一词，若译作我们常用的中国话，应该是“花甲”。古人把甲乙丙丁等十干（天干）和子丑寅卯等十二支（地支）依次搭配，得出六十组表示顺序的符号，叫“六十甲子”，简称“甲子”。因组合之错综，花花搭搭，故而也叫作“花甲子”或“花甲”。六十甲子似的循环往复，是中国人基本的思维方式之一，所以我们总怀着希望，相信群众相信党，好死不如赖活着，五千年文明在改朝换代中延续，以至无穷。后来用花甲指代六十岁。还有一种说法：花甲原来是“华甲”，繁体字的“华”拆开来是六个“十”和一个“一”。

年龄的别称大都出自子曰：吾十有五而志于学，三十而立，四十而不惑，五十而知天命，六十而耳顺，七十而从心所欲，不逾矩。再就是杜甫的诗句：人生七十古来稀。而立、不惑、古稀之类的年龄称谓，日本也使用，此外他们还另有创造。称七十七为“喜寿”，八十为“伞寿”，八十八为“米寿”，九十为“卒寿”，九十九为“白寿”。像“华甲”说一样，皆是从字形演绎的：百字少一为白，米字拆成八十八，卒、伞、喜是草书的联想。《礼记》说：天子死曰崩，诸侯曰薨，大夫曰卒，士曰不禄，庶人曰死。所以，“卒寿”的说法可不大吉利。1989 年昭和天皇辞世，日本报刊上一律说“崩御”，古色古香。那一年改元平成，今年是平成十二年，百岁双胞胎姐妹当中的金婆婆溘然长逝，享年一百零七，未能再“还”一次“历”。据说，公认的长寿世界纪录是一百二十二岁，看来人是能够两历甲子的。

日本过去说人生五十年，所以男人过了不惑之年就步入“初老”。缘于日语发音，男人倒霉的年龄是四十二（四二读若死），女人是三十三（三读若散），但如今人生八十年，取这两个年龄吓唬人未免早了点。可是，女人的“厄年”似乎还大有提前之势，年将三十的未婚女性被孩子叫一声“阿姨”，简直像撞见鬼，赶紧纠正“叫姐姐”。倘若是中国人，却有个辈分问题，想来这种封建观念也会被年轻女性率先扬弃。

老，究竟从什么年龄起算，似无定规。日本通常是六十退休，活到“还历”就进入“老后”生涯，可是，政府决定把养老金的发放年龄推后到六十五岁，人生就会有五年的没着没落。老首先是身体方面的，但现代以来更像是心理的和社会的。或许从小学惯了雷锋，坐在东京的电车上，遇见上年纪的人情不自禁地站起来让座，其实自己也不年轻，这也是一种恍惚罢。人老心不老，但周围的环境逼你意识自己是老了，不可逾越既成的规矩。9月15日是“敬老日”，制定于1963年。当初叫“老人日”，评论家长谷川如是闲（1875—1969）大为不满：叫“老人日”，谁能感受敬老的心情，应改为“长寿日”什么的！官方用语是“高龄者”，仿佛这么一暧昧，生活也就跟着浪漫起来。

“花甲”的说法容易让人想到头发的花白，不如“还历”，好像要返老还童。人到“还历”，送他婴孩的红坎肩红帽子，表示周而复始，人生开始第二春。某学者年届“还历”，弟子等有关人士把各自的文章凑到一处，出集子以为纪念，是蛮有意思的方式，很值得在中国时兴。

年老的标志之一是健忘。在报上读过一篇张中行随笔，感叹年老健忘。那种感叹也自有一种人生的豁达。日本作家赤濑川原平活得有劲头儿，前年出版《老人力》一书，把健忘当作老了才具备的优势来鼓吹。最近又见到一本《八十四岁天天上下班》，作者也造了个新词“年轮力”，为老年打气，人生潇洒走到底。老骥伏枥，毕竟是丧失行动力的形象。古罗马哲学家西塞罗说：“把人生比作一出戏，老后日日就像是最后一幕。”一出戏，收场应该比开场更激动人心。

阴翳或阴暗

有朋自远方来，导游如仪，自然少不了上酒馆聚饮。连日去了几家，评曰：怎么都黑乎乎的。就是说，朋友感觉到一种日本美——阴翳，但并不欣赏。

阴翳之美是文学家谷崎润一郎提出的，不过，这个价值远不如新渡户稻造。后者宣扬武士道，尊容被印在面值五千元的钞票上，但听说今年将发行新币，用明治时代女作家樋口一叶顶替他。其实上世纪80年代二人的肖像曾同为候补，但总理大臣大平正芳选定新渡户。武士的心情总是很阴翳，所以他们出现在电影电视上，都难得一笑。谷崎润一郎在随笔《阴翳礼赞》中写道：

> 把汤碗摆在面前，唧唧发响，隐约沁入耳底，听着那犹如远处虫鸣的声音，默想将要吃到嘴的食物味道，

这时我总觉得自己被诱入三昧之境。茶人由热水沸腾的声音联想到古松风声，进入无我境界，大概也就是与此相似的心境罢。人们说日本菜不是吃的，是看的，对于这种说法，我要说，岂止是看的，简直是冥想的。而且，那是在幽暗中闪烁的烛光与漆器合奏的无声音乐的作用。漱石先生曾在《行旅》中赞美过羊羹的颜色，如其所言，那颜色不就有冥想性吗？玉一般半透明的表面仿佛把阳光吸进内里，蕴含着梦幻似的微光，那色调深沉而复杂，在西洋点心上绝对看不到。与之相比，奶油等多么浮浅、单调。不过，羊羹也是要放进涂漆的点心容器，使之沉入昏暗之中，勉强能看出表面的颜色，色调才格外带有冥想性。人们把那冰凉滑润的东西含在嘴里时，感觉好像是室内的黑暗变成甜甜的一块儿在舌尖融化，其实并不那么好吃的羊羹也觉得味道增添了异样的深度。说来任何国家都想方设法使菜肴色调与餐具、墙壁的颜色互相协调，而日本菜在明亮的地方用白不呲咧的器具吃，的确要食欲减半。例如我们每天早上吃的赤酱汤，想想那颜色，就知道是在以往昏暗的屋子里形成的东西。我曾被请去参加一个茶会，端上来酱汤，平常随便吃的那种稠乎乎的红褐色的汤沉淀在黑漆的碗里，在摇动不定的烛光下看上去确实变得有深度，是很好吃的颜色。还有酱油等，京都一带做鱼生、咸菜、凉菜使用浓酱油“生抽”，那黏稠光泽的汁多么富有阴翳，与幽暗协调。白酱、豆腐、鱼糕、山药泥、白鱼生之类表面发白的东西，把周围弄亮堂就显不出颜色。就拿米饭来说，放进光灿灿的黑漆小木桶里，摆在暗处，看着美，刺激食欲。一下子掀开盖子，从下面冒热气，那煮好的雪白米饭盛在黑色容器里一粒一粒像珍珠一样闪光，大概日本人见了谁都会感到米饭的可贵。如此想来，可知我们的菜肴常以阴翳为基调，与幽暗有不解之缘。

初春去箱根温泉乡，住一家叫吟游的旅馆。名字有点（西）洋气，但进门脱鞋，走廊也铺着塌塌米，踏上去整个脚掌都有了着落，顿时感受到日本特有的舒适。几盏立在墙边的灯光被纸罩遮暗，阴翳得仿佛置身于另一个世界。洗过温泉，松松垮垮地穿着浴衣用餐，更觉悠闲。谷崎所说的木碗，有盖，据说古代本没有，后世附加的。碗里盛了汤，热气从盖边挤出来，唧唧有声。木碗里外涂黑漆，满碗阴翳，初次尝试的人不免望而生畏，更不敢冥想。

投宿田舍，日式木结构房屋简直谈不上采光，像钻进乌龟壳底下。打开纸屏则四面来风，夏天很觉得荫凉，但入冬恐怕就只是阴冷。这种传统建筑住久了，从中觉出美，只怕也有点惰性在里面。隔着投钱箱看神社，深处黑黢黢，不知到底供着些什么，阴翳以至阴森，不由得生出敬畏。生活在阴翳下，心理也不免阴翳，形成传统，现代化也化不去社会文化的阴翳，弄得欧美人总说看不见日本人的脸。早上，上班族一波又一波涌出车站，穿戴阴翳，随时准备去守夜似的。晚上，酒馆装修得一家比一家阴翳，如入洞窟，美女也蒙上蛇或狐的妖气。

日前游京都，子岚兄在“膳处汉”设宴，这家开张才一年的餐馆标榜北京菜，但室内装修不取中国传统的亮堂乃至堂皇，而是从外阴翳到里。白碗竹筷，幽幽的，显眼而不刺眼。在阴翳的生活环境中日本古时候产生了尚白的审美观念，如今京都大阪吃生鱼依旧以肉白为贵。房内昏暗，浓施粉黛能突出面目所在，但走到光天化日之下，一脸的惨白可就活见鬼。

中国自古有窑洞，却不曾在阴翳之中发现美。如今酒吧咖啡厅也大搞阴翳，听说当初很引起警察注意，因为男女在阴暗的角落里还能干什么好事。有时觉得国人心理更阴暗，不消说，也源于生活。

人与人间

清人张之洞抵制日货，看见公文上有新名词，就提笔抹了去，批示：这是日本名词！后来恍悟这个“名词”就是一个新名词，便改批为：这是日本土语。

近来又有人抵制日货，但好像今不如昔，不如张之洞来得彻底，新名词是不加抵制的。以史为鉴，本应该赶尽杀绝；与时俱进，也不妨便宜行事。

词语是难以抵制的。说来“日本”这个词就是日货，在域中是武则天之天下的时候，他们嫌“倭”不好听，自己给自己起了这个名。现而今常听说的“人间蒸发”也是日本词儿，可能用中文来说有点怪，别有天地非人间，聪明人便说“从人间蒸发”。其实，日本现代语的“人间”通常指的是人，当初是误用，习以为常，把固有含意挤到一边去了。人不知去向，音信全无，蒸发了似的，无非我们本来说的杳如黄鹤，但是说“人间蒸发”就时髦。日语里也有“人”，而“人间”之所谓人，按《广辞苑》解释，是以人格为主的社会性存在。明治维新时代大量日本词汇传入中国，现在花开二度，来自日本的词汇又见多，如写真、人气、组合、品质、职场。分明是中国的固有词汇，但衣锦还乡，看着就别有一番滋味在心头。内涵被富有工匠天分的日本人加工了，意思更微妙，那种若有若无的差异每每令译者踌躇。

例如池田大作说：“人不可能脱离苦恼而生存；人要得病，要衰老，早晚都要死。”前面的人，原文用的是“人间”，后面的人用的是“人”，中文却只好拿一个人字来应战，似也战无不胜。池田大作是创价学会的领袖，学会的基本教义是“人间革命”，译作人革命有点别扭，而译成人本革命，若联想与神本主义相对的人本主义，用于唱诵南无妙法莲华经的佛教团体亦不伦不类。

大江健三郎获得诺贝尔文学奖，在斯德哥尔摩发表演说，先讲了《骑鹅旅行记》，是瑞典女作家的作品。少年尼尔斯终于回到故乡，见到久别的家，呼喊父母：妈妈，爸爸，我变大了，又恢复了人！大江在日文中用的词语是“人间”，译作“我又回到了人间”，虽然读得过去，但“人”才是大江要呼喊的，贯穿其文学。同样的话，大江还引用了法译本，法文是“homme”，相当于中文的“人”、“男人”。

日本战败，1946年1月1日天皇发表《关于新日本建设的诏书》，然后去巡视全国四十六个都道府县。不再穿军装骑白马，一身平民打扮，树立新形象。这个诏书否定天皇是显现人形在世上的神，但并未说自己就是人，却被叫作“人间宣言”，好像神仙下凡到人间，语言明了，意思不明。日本使用汉字，迻译为中文不无便利之处，但那也常常是似是而非的陷阱。

“人间”一词也难为过鲁迅。那是他翻译了苏联小说《毁灭》，瞿秋白批评“人”译得不精确，鲁迅回答：“将‘新的……人’的‘人’字译成‘人类’，那是我的错误，是太穿凿了之后的错误。莱奋生望见的打麦场上的人，他要造他们成为目前的战斗的人物，我是看得很清楚的，但当他默想‘新的……人’的时候，却也使我默想了好久：（ ）‘人’的原文，日译本是‘人间’，德译本是‘Mensch’，都是单数，但有时也可作‘人们’解……”

看来中文最好也有那么一个词，把我们从“人”的层次提升或超脱一下。

落日

东京塔是东京一景，高三百三十三米，建于1958年。今春，影片《ALWAYS三丁目的夕阳》几乎包揽了日本奥斯卡奖，最后的画面就是这东京塔落成，在夕阳中耸立，各色人物从不同的位置欣然眺望，大概是表达明天更美好的意思。

我爱看落日，尤其是日本海上的。日本国细长，细长的两边，东边是太平洋，西边是日本海，向洋看日出，向海看日没。山使人骄傲，登顶便敢说一览众山小，海却无论从哪里看都一样浩渺，只感到神秘与恐惧。在山上看落日，终归吟的是苍山如海。

日本有元旦看日出的习俗，源自信仰，所以，虽然如今已基本是旅游项目，但是在破晓的寒风中经历了莫测的期待，观赏之时就可能像李泽厚说的："甚至现代日本的知识人在观赏日出等自然景物时，也一方面是感官的，充分开放和享受，另一方面仍然怀着神秘的敬畏和崇拜（这在中国知识人便少有）。”公元7世纪初，那时日本还没有国名，执政的圣德太子给隋炀帝写信，自称是日出之处，要自立于民族之林。其实，这是站在中国一边的看法，我们老早就把那边叫旸谷，叫扶桑，日出于旸谷，拂于扶桑。那时候他们只是向西看，不会向东看，说不定早就去过新大陆，一片荒凉。附会太阳神的天照大神可能是来自中国的镜子，后来被天皇家奉为祖神，或许是这个缘故，她跟一般日本人关系并不大亲切。对于平民百姓们来说，夕阳西下才是生活中的常事，更具有感官的享受。日落看多了，不免总有些淡淡的哀愁。

我几乎没听过日本人唱日出，听惯而且爱听的是夕阳与晚霞，例如《好日去旅行》。二十多年前山口百惠唱这首歌，直唱得国营铁路扭转了票价上涨而乘客锐减的局面。词曲是谷村新司作，标题原文中含有“日旅”、“日立”，据说是赞助单位名，都是与铁路有关，“日立制作所”生产车厢。歌曲流行，婚礼上唱，毕业典礼上唱。谷村说：你们可要看仔细，此歌并没有那么喜庆的意思。歌中唱：独自一人去旅行，日本的什么地方有人在等我，好日起程，去探寻晚霞，带着在母亲背上听的歌。还有那首人人会唱的《红蜻蜓》，唱的是晚霞中的红蜻蜓。《晚霞》之歌我们也耳熟能详，前半大意是：

火烧云霞日西下，山中古寺响钟声，手拉着手回家啦，乌鸦一起快回家。作者叫中村雨红，小学教师，教情操课，他就凭这半首童谣而流芳，真令人叫绝。

落日是日本文学中常见的景色。小说家藤泽周平偏爱写夕阳，或金光铺满原野，或又红又大地挂在栉比的房屋上，而人影是黑的，在余晖中动摇。他记得自己小时候看着红极了的晚霞哭起来。木下顺二的独幕话剧《夕鹤》也曾在我国演出：仙鹤报恩，最终受不了人的欲望，向通红通红的晚霞中飞去。俳圣松尾芭蕉写日本海落日：暑日沉入海，最上川。最上川是山形县境内的河流，西入日本海，那里立有诗碑，实地纵目，便体味出大海落日圆、不废江河入海流的意境。

说来我对日本海并不陌生，三十年前在中苏边境起点“土字牌”为祖国站岗，几乎天天远眺日本海，也常看日出。来日本以后反了过来，眺望的是落日。日出令人兴奋，而日落带给人的是一片沉静。当最后一抹霞光也消逝，天空反而呈现了一片蔚蓝，渐渐地蓝里泛黑，便可以转身去寻找酒家了。畅饮后沉沉睡去，谁还惦记看日出呢。

电影《ALWAYS 三丁目的夕阳》是由漫画改编的，这个漫画已连载三十多年，标题本来是“晚霞的诗”，后来加上副标题“三丁目的夕阳”，却成为通行叫法。眼下日本正建设一座新的东京塔，高六百三十四米（数字谐音“武藏野”，是当地的古称），又领先于世界。最近有一个英国人写日本，叫《太阳又升起》；十五年前他出版过《太阳又沉没》。

追记：新东京塔于2012年建成，中文名称是东京晴空塔。据说本来打算叫东京天空树，但中国先已有之。我叫它“东京摩天树”，按中文发音，“摩天”还跟它所在的“墨田”相近呢。

代后记

日本论

我爱读鲁迅，虽然并非像日本评论家佐高信那样“烈读”，以支撑他的“反骨哲学”，“斩书斩人”。不过，从性情与兴趣来说，我倾向周作人，尤其爱读他关于日本的考察，即所谓日本论，持正而卓识，“比西洋人更进一层，乃为可贵耳”。

日本人特爱日本论，或者日本人论、日本文化论。担任过文化厅长官的文化人类学家青木保 1990 年出版了一本《日本文化论变貌》，他估计 1945 年战败投降以来，约半个世纪，有关日本文化论的书出版两千余种。二重性被视为日本人一大特性，可能不少人是从《菊与刀》这本书读来的，甚至只知道书名，浮想联翩，也大谈日本人如何二重。这种二重性，中国人早在唐代就指出了：“野情偏得礼，木性本含真”（包佶《送日本国聘贺使晁巨卿东归》）。陈寿《三国志》中有世界上最早的日本论。到了周作人笔下，写道："我们要觇日本，不要去端相他那两当双刀的尊容，须得去看他在那里吃茶弄草花时的样子才能知道他的真面目，虽然军装时是一副野相。"日本发动了侵略战争，证明周作人恰恰把话说反了，但描述日本人的二重性，他也比《菊与刀》早二十多年。二重性是日本刚刚走出原始状态不久从中国生生搬来了先进文化造成的。美国占领日本后，强加给它民主，与天皇臣民的落后性并存，又产生新的二重性现象。言行暧昧，也正是二重性的体现。说来哪个民族都具有二重性。当我们说道日本人时，总是忘记了自己的二重性，譬如满嘴仁义道德、满肚子男盗女娼。

我们也爱看中国论，现在常有人论，但好像很讨厌别人说三道四，尤其不能受日本人指指点点。日本人最在意欧美人说它什么，又说它什么了，却也只像照镜子，孤芳自赏，并不把外人对他们的不解当回事，倒可能觉得不解才说明自己是独特的，沾沾自喜。所谓独特，是比较出来的。没有比较，独特则无从说起。譬如说日本干净，那是跟本国相比的印象罢。美国人写《丑陋的美国人》，受其启发，1970 年代日本人也写《丑陋的日本人》，然后台湾的柏杨 1980 年代写了《丑陋的中国人》，可见任何民族都具有丑陋的一面。后出的书，意识先出的书，作者心里或许有一种自家更丑陋的潜意识。竞相出本国的丑，算不上坏事，但起劲儿比较谁个更丑陋，就近乎无聊了。

常听人慨叹，日本对中国的认识远远超过我们对这个蕞尔岛国的了解，甚而某日本学者说，中国研究日本的水准几乎等于零，所以才有了现在的对日政策。那么，当今日本对华政策就高明么？日本人时常对中国误解、误判，不就摆明了知彼不到家吗？末了便归咎于中国。日本人研究中国，多是对古代的研究，因为他们上溯历史，越往上越溯到中国古代里去了。与其说是研究中国，不如说是寻绎自己的历史。上帝在细节中，日本人对细节的探究着实比凡事大而化之的中国人强得多，却总是找不到上帝。大而化之也是一种方法论，层次未必浅。平日里与日本人交往，他们卖弄似的扯到古代中国，吟一首唐诗，讲一段三国，这是课本里学来的，漫画上看来的，话题转到现当代，就知之不多了。女孩子看见中国书报，惊叫全都是汉字呀，实在可爱极了。无论中国青少年多么喜爱日本漫画，中学课本里也不可能选入日本古典。我大清没落以前，日本远远落后于中国，不屑于了解恐怕也情有可原。甲午战败后，中国人悟出日本之所以忽而这般了得乃西化之结果，于是直奔主题，向西方取经，只把它当作“二传手”，岂非正道？至于取不来真经，那是中国人本身的问题，有这样的问题就是学日本也学不来。中国人对日本的考察、研究并不少，早年有黄遵宪、周作人者流，日本投降后大陆只能在报纸上看见毛主席接见日本友人，但台湾出版了很多关于日本的书。上世纪 80 年代以来一窝蜂出国，不少人学有所成，博士论文出版了不少，于中应有一个半个有真知灼见的罢。动辄说中国对日本的研究始终不发达，仿佛是一个共识，实乃伪命题。不知说这话的人读没读过周作人的日本论，又读过多少日本人论中国，恐怕不过是人云亦云。周作人写的是随笔，长也不过万把字，那一条条真见，若到了西洋人手里，可以洋洋洒洒成一本又一本论著，虽然多是填充料，却能让中日两国人叹为观止。或许从码字来说，这也是“东洋人的悲哀”罢。

两个民族，两种文化，无论怎么样交流也不会浑然一体。周作人曾反省他观察日本所走的路，自呼愚人不止，卷土重来，提出了研究方法，那就是“应当于日本文化中忽略其东洋民族共有之同，而寻求其日本民族所独有之异，特别以中国民族所无或少有者为准”。日本与中国多有不同，根本是三大差别：中国是大陆，日本是岛国；中国多民族，日本基本上单一民族；中国几千年来改朝换代，日本自诩万世一系。

我已活过周作人撰写《日本之再认识》（1942）的年龄，在日本生活的年头也比他长得多，犹不能忝列他所说的少数人，即“中国人原有一种自大心，不很适宜于研究外国的文化，少数的人能够把它抑制住，略为平心静气的观察，但是到了自尊心受了伤的时候，也就不能再冷静了”。记得在某文中涉笔日本人写的汉诗，说人家露出不是中国人的马脚，被网友指出我有误。静心想一想，这个失误本来可以不发生，但兴之所至，只顾抓住个由头嘲笑一下，却露出了自己的马脚，骨子里到底“不能再冷静”。读鲁迅，好似跟着他痛骂，大快淋漓，读周作人不会有这种痛快。他曾说：“在今日而谈日本的生活，不撒有‘国难’的香料，不知有何人要看否。”时过四分之三个世纪，好像今日谈日本还是得撒点什么香料罢。